# Animaux incroyables

## Découvrez des chimpanzés qui font du skateboard, des chiens surfers, des Robocrocs et plusieurs autres créatures surprenantes !

### Adam Phillips

 **Broquet**

97-B, Montée des Bouleaux, Saint-Constant, Qc, Canada, J5A 1A9
Tél. : 450 638-3338   Téléc. : 450 638-4338
Internet : www.broquet.qc.ca   Courriel : info@broquet.qc.ca

Catalogage avant publication de Bibliothèque et
Archives nationales du Québec et Bibliothèque et Archives Canada

Phillips, Adam

   Animaux incroyables

   Traduction de : Amazing animals.

   Comprend un index.

   Pour les jeunes de 10 ans et plus.

   ISBN  978-2-89654-275-8

   1. Animaux – Miscellanées – Ouvrages pour la jeunesse.  I. Titre.

QL49.P4414 2011              j590.2              C2011-941634-4

**Pour l'aide à la réalisation de son programme éditorial, l'éditeur remercie :**
   Le Gouvernement du Canada par l'entremise du Programme d'aide au développement de l'industrie de l'édition (PADIÉ) ; la Société de développement des entreprises culturelles (SODEC) ; l'Association pour l'exportation du livre canadien (AELC).
   Le Gouvernement du Québec – Programme de crédit d'impôt pour l'édition de livres – Gestion SODEC.

Titre original : *Amazing Animals*
Cette édition a été publiée en 2011 par Arcturus Publishing Limited
26/27 Bickels Yard, 151–153 Bermondsey Street,
London SE1 3HA

Copyright © 2010 Arcturus Publishing Limited

Auteur : Adam Phillips
Conception et édition des pages intérieures : Picnic
Illustrations : Andy Peters
Rédactrice à l'interne : Kate Overy
Conception de la page couverture : Peter Ridley

Pour l'édition canadienne en langue française
Copyright © Ottawa 2011 Broquet inc.
Dépôt légal – Bibliothèque et Archives nationales du Québec
3ᵉ trimestre 2011

ISBN : 978-2-89654-275-8

Imprimé en Chine

Sources des citations :
12 Porte-parole du parc Safari au journal *Daily Mail* du Royaume-Uni ; 15 L'anthropologue David Daegling de Wikipedia ; 19 Publication d'un utilisateur de YouTube ; 22 Le photographe Michael Hutchinson de Getty Images caption ; 26 Le photographe Eric Cheng du journal *Daily Telegraph* du Royaume-Uni ; 31 Le fermier Linsber Brister au journal *Ledger* de Lakeland, aux É.-U. ; 34 Le chercheur Chris Bird de Rex Features story ; 36 L'entraîneure de chiens sourds Liz Grewal de Rex Features story ; 41 Le photographe amateur Charles Lam de Rex Features story ; 43 L'entraîneure du parc Safari Dinah Wilson à Fox News, aux É.-U. ; 45 Créatrice de perruques pour animaux Crissy Slaughter de Rex Features story ; 48 Le photographe Paul Hughes de Barcroft Media ; 52 La photographe de vie sauvage Kathleen Reeder de Rex Features story ; 55 Le propriétaire de singe Tommy Lucia au journal *Denver Post*, aux É.-U. ; 57 Le propriétaire foncier Chris Marin à Associated Press ; 61 La directrice de la conservation Carol Laidlow à Wicken Fen de Rex Features story ; 62 Le photographe Geoff Robinson de Rex Features story ; 64 L'expert en lions Kevin Richardson du journal *Daily Mail* du Royaume-Uni ; 71 Le charmeur de serpents en chef Babanath Mithunath Madari au journal *Daily Mail* du Royaume-Uni ; 75 La professeurs de danse pour chiens Mayumi Ozuma à Reuters ; 77 La propriétaire d'hôtel pour pigeons Mary Bartlett de Rex Features story ; 78 Le photographe animal Ren Netherland au magazine *Pet Industry* ; 80 La propriétaire de guépard Riana Van Nieuwenhuizen au journal *Daily Mail* du Royaume-Uni ; 83 Le propriétaire de la ferme Sriracha Crocodile, Arporn Samakit, à Lanka Business Online ; 89 Le scientifique spécialisé dans les oiseaux Dr Allan Baker au magazine *National Geographic* ; 90 Le Dr William Wallace de la Buena Pet Clinic, cité à propos de Giant George, le site web sur le plus grand chien du monde ; 94 Le naturaliste Sir David Attenborough

Références des illustrations :
Page couverture : Stewart Cook/Rex Features
Couverture arrière (t) Reuters/Sukree Sukplang, (bl) Reuters/Osman Orsal, (br) Barcroft Media via Getty Images

# Contenu

**SINGE EN RODÉO**
Découvrez cette vedette en page 55 !

4

# Introduction

Pour vous présenter ce livre, nous avons parcouru la planète afin de trouver les créatures les plus loufoques, les bêtes qui battaient les records les plus surprenants et les animaux réalisant les bouffonneries les plus folles du monde. Nous vous garantissons que lorsque vous aurez terminé la lecture de ce livre, vous ne verrez plus le monde sauvage de la même façon, ni même votre humble animal domestique. Plongez ! Vous irez de surprises en surprises !

## Recherchez ces étoiles

Ces étoiles sont attribuées aux bêtes qui nous ont le plus surpris pendant la réalisation de ce livre, un peu comme Cedo, le singe fermier (page 31). Ces étonnants animaux nous ont fait rire, nous ont rendus bouche bée ou nous ont poussés à nous sauver à toute vitesse ! Croyez-nous sur parole, il nous a été difficile de n'en choisir qu'un seul par chapitre.

TÊTE D'AFFICHE

## Mieux vaut prévenir que guérir

Si vous êtes propriétaire d'un animal, n'oubliez pas que votre meilleur ami n'a peut-être pas envie d'un plongeon dans la piscine ou de se lancer dans le vide, attaché à votre poitrine. Soyez donc toujours prudent lorsque vous manipulez des animaux et acceptez votre animal de compagnie tel qu'il est, c'est-à-dire un compagnon de jeu brillant et un ami fidèle.

# CHAPITRE 1
# Nés bizarres

Comme les humains, les animaux se présentent dans toutes les formes et tailles. N'empêche que vous n'avez sûrement jamais vu de créateures comme celles-ci... Uniques et étonnantes, elles sont bien la preuve que mère Nature est toujours prête à nous surprendre.

## Ne manquez pas...

CHEVAL LOUFOQUE

CROCO BLANC

COCHON MINIATURE

## PORTE-BONHEUR

Emiko Sakurada, propriétaire du petit cœur illustré, croit que la marque spéciale de son chien lui apporte la bonne fortune. Après la naissance de Heart-kun, la sœur d'Emiko a gagné à la loterie !

## D'un chiot, avec amour...

Faites la connaissance de ce chien qui porte son cœur sur son pelage. Né au Japon en 2007, ce mignon chihuahua appartient à Emiko Sakurada. Des 1000 chiens élevés par Emiko, il fut le premier à porter une si adorable marque. Mais il ne fut pas le dernier. Deux années plus tard, un frère de Heart-kun est né avec une marque identique. Il a été prénommé Love-kun. Et puis Love-kun a eu un fils, Kokoro-chan, qui portait aussi cette surprenante marque sur son pelage. Nous croyons qu'il pourrait bien s'agir d'une nouvelle dynastie japonaise. Par contre, si vous pensiez en acheter un, ne vous faites pas d'illusions.

Emiko affirme qu'elle ne vendra jamais ses adorables chihuahuas.

## D'un blanc immaculé

Il n'est pas facile, aux États-Unis, d'être un des 12 alligators d'un blanc presque immaculé alors que 5 millions de vos congénères sont… gris. Ce redoutable reptile peut nous sembler effrayant avec cette peau blanche et ces yeux bleus. Pourtant, dans la nature, il serait identifié à des kilomètres de distance par des prédateurs, aussi bien que par des proies.

C'est pour cette raison que Bouya Blan, 22 ans, ici photographié avec son dresseur, a été rescapé de la vie sauvage, avec quelques-uns de ses copains. Ils sont maintenant tous en sécurité à Gatorland, en Floride, et vivent une vie luxueuse. Chacun profite de sa propre piscine et d'une terrasse, pour se détendre.

## Que suis-je ?

Désolé, mais je n'en ai aucune idée! Cette créature nocturne vit au Chunati Zoo, en Chine, depuis neuf ans, et personne ne peut dire ce qu'elle est. Malgré des visites de zoologistes, de scientifiques, de touristes curieux et autres badeaux, personne ne peut l'identifier.

Cette créature a une gueule s'apparentant à celle du cochon, des oreilles comme celles du lapin et un corps qui ressemble plus à celui du renard. Tout cela mis ensemble nous donne? Une des caractéristiques les plus intrigantes de ce mammifère sont ses yeux qui peuvent changer du rose au jaune, en passant par le blanc ivoire. Une telle vision, le soir, pourrait donner la frousse aux plus braves!

### LE JEU DES NOMS

Cette nouvelle espèce animale des plus particulières a désespérément besoin d'un nom. Voici quelques suggestions pour trouver un nom à ce cochon-lapin-renard. À vous de jouer!

Renard trotteur, Lapinard, Cochard, Lapicochon, Robox

## Le(s) roi(s) lézard(s)

Voici le lézard à deux têtes le plus aimé du monde. Ses propriétaires californiens, Barbara et Frank Witte, n'aiment pas du tout la référence de lézard à deux têtes... le couple croit plutôt que son extraordinaire dragon barbu est en fait deux lézards dans un seul corps. Pour le prouver, ils ont donné un nom à chaque tête... celle de droite se prénomme Zak et celle de gauche Wheezie.

Cette paire de lézards est aussi célèbre parce qu'elle a la plus grande longévité de son espèce et est devenue stars à travers le monde. Ces lézards ont même déjà reçu des cartes d'anniversaire. Lorsqu'ils étaient plus jeunes, Zak et Wheezie généraient tant d'intérêt que les Witte ont choisi la discrétion, à l'abri du regard du public. Ils s'inquiétaient d'attirer trop d'attention non sollicité des gens de cirques.

## Deux fois plus effrayant...

... et deux fois plus de morsures! Heureusement, ses morsures ne feraient pas bien mal puisque ce *thamnophis* à deux têtes n'est pas venimeux. Ses propriétaires ont découvert que lors de querelles pour la nourriture, c'est toujours la tête de gauche qui gagnait la partie. Les serpents ont aussi de la difficulté à décider de quel côté se déplacer puisque le premier pointe la tête dans une direction et le deuxième dans l'autre. Pas surprenant que toutes les chicanes se terminent par une langue tirée!

## Coup de bec coloré

Cette pratique peut nous sembler controversée, mais aux Philippines, il est tout à fait normal de se promener au marché à Manille, la capitale, et de trouver des poussins âgés de 2 ou 3 jours qui ont été teints de couleurs fluorescentes. Ils sont extrêmement populaires auprès des enfants qui picorent leurs parents pour en obtenir comme animal de compagnie. Puisqu'ils ne coûtent qu'environ 80 cents, ils s'envolent vite! Même s'ils ne volent pas!

## Quatre, trois, puis deux

Ça peut vous sembler complètement invraisemblable, mais ça ne l'est pas. Avez-vous entendu parler du canard né avec quatre pattes plutôt que deux? Les médias des quatre coins de la planète ont perdu les pédales lorsqu'ils ont vu pour la première fois Stumpy, ce canard à quatre pattes découvert par l'éleveuse Nicky Janaway. Son histoire a d'ailleurs fait du chemin dans de très nombreux journaux.

En plus de surprendre en raison de ses quatre pattes, Stumpy a mystifié les spécialistes médicaux qui pensaient qu'il ne vivrait pas longtemps, en devenant un canard adulte en pleine santé. En revanche, ses pattes supplémentaires n'ont pas fait long feu. Une d'entre elles a été accidentellement arrachée après qu'il se fut coincé dans une clôture, alors que l'autre a tout simplement rétréci après la prise de cette photographie!

# Mais où sont passées mes rayures ?

En tout cas, elles ne sont certainement pas sur ce tigre du Bengale complètement blanc appelé Fareeda. Première de son genre à naître en Afrique, cette merveille blanche est incroyablement rare.

   Même son frère et sa sœur, Shahir et Sitarah, qui sont nés de la même portée, ont des rayures noires tout à fait normales.

   Fareeda est si rare qu'on la considère la seule tigresse, comptant moins de 20 rayures, encore vivante dans le monde. Heureusement, ses propriétaires, le Cango Wildlife Ranch, en Afrique du Sud, la traitent aux petits oignons. Du moins, c'est le cas de sa mère adoptive, Lisha le Labrador. Ce chien attentionné a gardé l'œil sur plus de 30 tigres au cours des dernières années. Les propriétaires de Fareeda espèrent que lorsqu'elle atteindra l'âge adulte, elle pourra être relâchée dans la nature.

## FAIBLES PROBABILITÉS
Les experts ne savaient pas si Fareeda resterait sans rayures à l'âge adulte. En fait, la probabilité que Fareeda demeure blanche comme neige étaient de 100 pour 1.

# C'est un zeval !

Ou si vous préférez : un zébroïde... C'est à dire un croisement entre le zèbre et le cheval. Né en 2007, cet incroyable animal est le résultat du croisement entre une mère cheval du parc safari d'Allemagne, tombée follement amoureuse d'un jeune zèbre aux rayures franches, lors d'un voyage en Italie.

Il existe d'autres zevaux, par exemple celui créé grâce au croisement d'un poney Shetland et d'un zèbre, en 2001. Les zevaux ressemblent habituellement à des chevaux, mais ils sont couverts de rayures ! Comme vous pouvez le voir ici, Eclyse est vraiment différente. Avec ses rayures sur la tête et sur les fesses et le reste de son corps et ses pattes complètement blancs, elle a de quoi faire tourner les têtes !

« Elle est habituellement relativement soumise mais, à l'occasion, elle affiche le tempérament fougueux du zèbre. »

Porte-parole d'un parc safari au
JOURNAL *DAILY MAIL* DU ROYAUME-UNI

# Qui a dit que les licornes n'existaient pas ?

On pensait que les licornes – ou unicornes – appartenaient aux légendes, mais en 2008, on en a découvert une dans la réserve naturelle de Toscanie, en Italie. Bon, d'accord, c'est un jeune cerf prénommé Unicorn qui arbore une seule corne au-devant de sa tête. Les scientifiques rabat-joie disent de cette corne qu'il s'agit d'une mutation génétique. D'autres, encore plus rabat-joie (si c'est possible), ont suggéré que ces cerfs vraiment inhabituels pourraient même être à l'origine du mythe de la licorne... Nous avons considéré qu'il était préférable de les ignorer et de faire nos valises, sans oublier notre appareil photo, pour se rendre en Toscane et photographier cette vedette reconnue pour sa timidité.

**TROUVEZ LA CÉLÉBRITÉ**
Des centaines de visiteurs intrigués se sont rendus dans la réserve italienne pour jeter un coup d'œil au très célèbre cerf licorne.

## Cochon miniature

Contrairement aux autres cochons qui naissent petits et mignons pour devenir gros et grognons (comme les humains adultes), cette race de cochon miniature a été élevée dans une ferme du Royaume-Uni. Elle peut même être domestiquée! Malgré leurs truffes minuscules, les cochons sont ultra populaires. Chris Murray, fermier, affirme en vendre 50 par année et avoir une liste d'attente de dizaines de milliers de personnes...

## Chien vadrouille

Mais où avez-vous mis le seau? Fee est un chien de berger de race puli hongrois. En raison de la longueur de son poil, on croit souvent qu'il est le meilleur ami du seau. Heureusement pour Fee, il est aussi la grande vedette des concours canins et fait toujours fureur auprès du public.

Grâce à ses tresses de rastas (aussi appelées cordes) et à ses grands talents de saut, sa propriétaire allemande, Eva Meyer, affirme que Fee balaye toujours la compétition! On peut se demander comment il fait avec tout ce poil devant les yeux... Selon le Puli Club of America, ce serait comme regarder à travers des stores verticaux... et puisque les tresses bougent avec les mouvements du chien, la visibilité est encore meilleure!

### POUSSE DE POILS
Il a fallu de 4 à 5 ans pour que les poils de Fee poussent autant!

# MONSTRES CÉLÈBRES

Verrouillez vos portes ! Cachez-vous dans la garde-robe ! C'est le moment de rencontrer les monstres légendaires les plus effrayants !

## Attention, le monstre est là !

On ne pourra jamais accuser le monstre du Loch Ness de timidité. Il a été aperçu par plus de 1000 personnes, dans le plus grand lac d'eau douce de l'Écosse au cours des 77 dernières années. Au cours de cette période, les descriptions de Nessie ont grandement varié. Selon ces descriptions, il pourrait aussi bien être une créature préhistorique mesurant entre 1,8 m (6 pi) et 18,3 m (60 pi). Il pourrait aussi être doté d'un long cou ou avoir plusieurs nageoires... C'est selon... Le monstre est le sujet de plusieurs enquêtes depuis qu'il a été observé dans les années 1930, aussi bien par la recherche scientifique que par des fanatiques l'ayant observé pendant des décennies, espérant le croquer sur le vif. Pourtant, personne n'a produit de preuve définitive de son existence.

### NESSIE OU PAS NESSIE ?
Cette surprenante photo de Nessie sortant sa tête de l'eau a été prise en 1934. Elle s'est révélée être un canular quelque 60 années plus tard, soit en 1994.

## L'horrible Chupacabra

La légende d'El Chupacabra, le très craint « vampire des chèvres », est né en Amérique centrale pendant les années 1990. Des témoins disaient alors avoir vu un chien démon boire comme un vampire le sang de chèvres mortes. Certaines personnes croient que cette créature est une bête surnaturelle, alors que d'autres prétendent qu'il peut s'agit d'un monstre créé dans des installations militaires américaines. Des scientifiques sceptiques ont, pour leur part, décrété qu'il s'agissait d'un coyote sans poils souffrant d'un problème de peau étrange.

### CARACTÉRISTIQUES EFFRAYANTES

Le très craint El Chupacabra a été décrit de tellement de façons différentes qu'on se demande de quoi il avait vraiment l'air ! Voici quelque-unes de ses caractéristiques les plus effrayantes :

« Il saute comme un kangourou. »

« Des piquants acérés lui poussent dans le dos. »

« Il a des yeux rouges brillants qui peuvent hypnotiser sa proie. »

« Il laisse derrière lui une odeur désagréable lorsqu'il est alarmé. »

# L'abominable homme des neiges

De l'Himalaya du Népal et du Tibet, jusqu'à la Californie, l'abominable homme des neiges, aussi connu sous le nom de Yéti ou Bigfoot, a été observé à plusieurs reprises depuis le XIXᵉ siècle. Les descriptions varient quant à ses attributs les plus effrayants, mais si vous voyez une très grande créature avec une tête pointue, recouverte d'autant de fourrure qu'un gorille et doté de deux énormes pieds, nous vous conseillons de vous mettre à courir... MAINTENANT !

Au cours des 200 dernières années, la bête a été vue à de nombreuses reprises. En 1924, un Yéti aurait attaqué un groupe de mineurs américains, alors qu'en 1953, le légendaire alpiniste sir Edmund Hilary décrivait des empreintes de pied géantes découvertes dans la neige alors qu'il était en expédition au sommet du mont Everest, au Népal.

## HOMME SINGE

En 1967, l'Américain Robert Patterson a saisi cette image du Yéti. À ce jour, on spécule encore à savoir s'il s'agit de la forme distante d'un ours ou d'un singe, ou plutôt celle d'un homme revêtant un costume de singe !

## LES PIEDS D'ABORD

Même si certaines personnes affirment être arrivées face à face avec le Yéti, la plupart des observations se limitent à ses empreintes de pied. Ce présumé moulage d'une énorme empreinte de pied du Yéti est en exposition au Beijing Natural History Museum, en Chine.

« La plupart des connaissances de Patterson s'entendent pour dire que ni lui ni Gimlin n'étaient suffisamment futés pour inventer une telle chose. »

L'anthropologue David Daegling se demandant si Patterson et son ami Gimlin auraient pu jouer un tel tour.

*Nés bizarres*

## Un chat à oreilles pointues ?

Qu'est-ce qu'un petit extraterrestre vert de la Guerre des Étoiles et un chat de Chicago, aux États-Unis, ont en commun ? Ils ont tous deux des oreilles pointues, mais Yoda le chat en a quatre ! Même si Yoda doit composer avec d'interminables blagues à propos de sa capacité d'écoute, il est en fait un chat tout à fait normal. Ses propriétaires l'aiment tellement qu'ils ont fait insérer une micropuce informatique sous sa peau.

S'il se perd ou est kidnappé par Darth Maul, ils pourront le retracer où qu'il soit dans l'univers et venir à sa rescousse !

### SUPER ÉTOILE DE LA GUERRE DES ÉTOILES

Lorsque les premières photos de Yoda ont été publiées sur Internet, les chaînes de télévision ont carrément perdu les pédales et ont tout fait pour que ses propriétaires acceptent qu'il fasse une apparition dans toutes les plus grandes émissions.

## Le plus petit mouton du monde

Mathilde est une petite agnelle noire. En fait, c'est la plus petite du monde. Elle est née sur une ferme de Suffolk, Royaume-Uni, élevant des races rares, et est issue de la race d'Ouessant dont les moutons sont les plus petits du monde. Le mouton d'Ouessant est issu de la petite île du Finistère, en France, qui porte le même nom. Certaines personnes affirment que ces merveilles lainées étaient en fait des descendantes d'anciennes races Viking. En raison de leur petite taille, elles étaient parfaites pour être stockées en grand nombre sur des navires.

### DÉFI VERTICAL

Même à l'âge adulte, le mouton d'Ouessant reste petit. Les béliers atteignent 49 cm (19 po) de hauteur au niveau des épaules alors que les brebis, elles, n'atteignent que 45 cm (18 po).

## Où est le gecko ?

Ce n'est pas parce qu'on est minuscule qu'on ne peut pas avoir un long nom ! Du moins, c'est le cas de ce mini-gecko, le *Lepidoblepharis buschwaldii* ! Ce micro-gecko, suffisamment petit pour tenir sur le bout d'un crayon, a été découvert au cours d'une récente expédition scientifique dans les forêts tropicales de l'Équateur.

Et ce n'est pas la seule espèce découverte. Parmi ses nouveaux copains, on compte un serpent suceur de limaces à nez court, trois espèces de salamandres sans poumons qui respirent par la peau et 30 espèces de grenouilles de pluie. Mais l'amphibien le plus effrayant découvert est sans contredit une grenouille de verre. Sa peau est translucide, ce qui fait qu'on voit tous ses organes internes. Beurk !

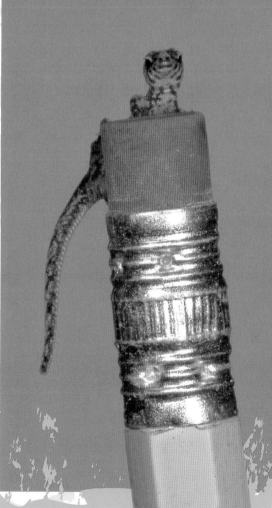

## Un cochon très particulier

Vous n'en croyez pas vos yeux ? Vous vous êtes même pincé ? Oui, c'est vraiment un cochon et non pas un type de mouton bizarre avec une tête de cochon ! Appelés cochons mangalitza, ces animaux bizarres portent un manteau laineux qui les aide à survivre aux hivers difficiles et qui les protège des coups de soleil en été.

Leurs manteaux sont offerts en trois couleurs différentes : blond, noir (avec le ventre crème) et rouge brillant. Pour l'amateur de bacon qui sommeille en nous, le cochon mangalitza est beaucoup plus gras qu'un cochon normal. Le ketchup s'il vous plaît !

### PARADE DE COCHONS
La race de cochon mangalitza s'est éteinte, en 1972, au Royaume-Uni. Pourtant, grâce à un programme spécial de reproduction, cette race de cochon existe à nouveau en captivité.

# CHAPITRE 2

# Simplement animal

Prépare-toi à en voir de toutes les couleurs tout au long de cet incroyable chapitre ! Le comportement des animaux qu'on y présente peut sembler humain, mais il est strictement animal !

Ne manquez pas...

LOUTRE QUI AIME LES « POPSICLES »

COCHON AQUATIQUE

SINGE FERMIER

# Chien cycliste

Ce chien est allergique à l'ennui... Non satisfait de pouvoir marcher comme un être humain ou même de jouer au cerceau, Momotaro le dalmatien est tellement déterminé à ressembler aux humains qu'il a appris à faire du vélo.

Son propriétaire, Kazuhiro Nishi, a appris à l'aspirant cycliste à faire du vélo en aussi peu que six semaines. Celui qu'on croise régulièrement dans les rues de Chiba, à côté de Tokyo, au Japon, souffle et pédale, divertissant les enfants du coin et se présente souvent dans des émissions de télé japonaises pour plaire aux amateurs de cyclistes canins !

« Un chien sur un vélo, c'est pas mal, mais je préfère encore un chat sur un bâtonnet de pogo ! »

Publication d'un amateur de YouTube qui prouve qu'on ne peut jamais plaire à tout le monde...

# Un chat cambrioleur

La patience n'est définitivement pas le principal trait de caractère de ce chat... Lorsque Charlie souhaite rentrer à la maison, il n'attend pas qu'on lui ouvre la porte. Il préfère escalader un mur de 4 mètres (13 pi) pour atteindre le balcon de son appartement... situé au deuxième étage!

Celui que les habitants de Falkirk, en Écosse, appellent le Chat-Araignée utilise ses pattes avant pour saisir le mur pendant que ses pattes arrière le propulsent vers le haut. Les spécialistes considèrent qu'il doit vraiment avoir de solides griffes! Nous pensons qu'il a tout simplement un goût prononcé pour les hauteurs.

## VAS-Y CHARLIE!
Les deux autres chats avec lesquels Charlie partage sa vie préfèrent utiliser la porte avant, mais cela ne les empêche pas de soutenir et d'encourager le Chat-Araignée.

## CHAT QUI MONTE...
Ne redescend pas tout le temps... Les chats sont de bons grimpeurs, mais ils n'ont souvent pas autant de talent pour redescendre. Voici quelques conseils pour venir à leur rescousse.
- Dépose une boîte de nourriture pour chats ouverte au bas. L'odeur de la viande ou du poisson risque fort de lui faire surmonter sa peur des hauteurs.
- Trouve une échelle et appuie-la contre l'arbre. Ton chat risque de l'utiliser pour redescendre.
- Grimpe et saisit ton chat par la peau du cou, comme le font les mamans chats.
- Si toutes les autres tentatives échouent, téléphone au service des incendies et laisse les spécialistes s'en occuper.

## Le bison gagne !

Imagine partager ta table avec un bison de 726 kg (1600 lb). C'est ce que le fermier américain Jim Sautner endure depuis huit ans. Le bison Bailey et son propriétaire Jim discutent en prenant leurs repas, font des tours de décapotable, puis s'installent devant le téléviseur en soirée. Nous nous demandons s'ils se sont déjà disputés sur la chaîne à écouter ?

## Lézard sur chaise longue

Pas facile d'être mannequin... Il faut travailler de longues heures, surveiller les calories qu'on ingurgite et contrôler notre envie de faire des crises ! Cette iguane femelle de deux ans ne semble avoir aucune difficulté à supporter les affres du métier. Dressée par Santisak Dulapitak, 53 ans, elle est à son meilleur lorsqu'elle pose sur une chaise longue, dans un hamac ou avec sa guitare en pattes. Santisak entraîne depuis 20 ans toutes sortes d'animaux pour qu'ils puissent participer à des films et à des publicités télévisées. S'il t'arrive un jour de visiter sa maison de Bangkok, en Thaïlande, tu rencontreras aussi son python entièrement dressé et toute une volée de roussettes aux talents multiples.

Ce lézard se la coule vraiment très douce...

21

# Magie singière à Moscou

Avec des températures hivernales pouvant être aussi glaciales que -30 °C/-22 °F à Moscou, en Russie, tout le monde doit bien se couvrir, y compris ce primate travaillant! Habillé pour l'occasion, ce surprenant singe travaille avec les photographes de la rue et divertit les passants, russes ou touristes.

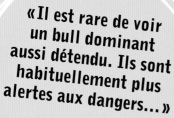

« Il est rare de voir un bull dominant aussi détendu. Ils sont habituellement plus alertes aux dangers... »

Le photographe Michael Hutchinson, à propos du comportement de ce phoque mâle saisi sur pellicule.

# Un sourire resplendissant

La vie d'un phoque n'est pas toujours facile. Il doit continuellement attraper du poisson et éviter les prédateurs affamés. Tout comme nous, les phoques aiment se détendre, bâiller et rire un bon coup. Ce phoque gris a été découvert à Lincolnshire, Royaume-Uni, alors qu'il se roulait sur le dos et riait au point qu'il devait se tenir le ventre!

Peut-être qu'il riait tout simplement du photographe, Michael Hutchinson, qui a dû se mouiller pour prendre cette photo. Ou peut-être était-il seulement heureux du fait qu'en 1914, il n'y avait que 500 phoques au Royaume-Uni, alors qu'aujourd'hui, on compte 182 000 de ces mammifères marins sur les plages de la Grande-Bretagne.

## Un couple parfait au paradis des chiens

Nous connaissons tous les agences de rencontre pour humains, mais saviez-vous qu'à São Paulo, au Brésil, il existe un service de rencontres bien particulier pour les chiens. Une fois le couple parfait réuni, un service de mariage est proposé, puis les nouveaux mariés peuvent réserver une chambre au Pet Love Motel. Il s'agit d'un lieu très spécial qui permet aux amoureux en lune de miel de passer du temps de qualité dans un environnement de luxe, à regarder des vidéos, écouter de la musique, tout en se sentant comme à la maison grâce à la climatisation et au papier peint mural aux imprimés de pattes de chien. Un vrai paradis pour chiens !

## Vous aviez bien dit un chat ?

Tout le monde le sait, les chats détestent l'eau. En toute honnêteté, ce félin ne semble pas adorer son expérience, mais cela n'a pas empêché l'Américaine Mary Ellen Schesser, sa propriétaire, d'apprendre à nager à ses chats. Pourquoi ? Elle s'est dit que si ses chats tombaient par accident dans la piscine, ils pourraient se noyer. Mary a donc commencé, en 2004, à apprendre à ses chats à nager. Elle les met donc à l'eau trois fois par année pour s'assurer qu'ils n'oublient pas leurs précieux apprentissages. Mary est une propriétaire avertie. Saviez-vous que plus de 1000 animaux domestiques meurent noyés dans une piscine chaque année aux États-Unis ?

### UN CHAT QUI FAIT DES VAGUES
On voit ici Nymbus, un chat persan argent, qui nage dans la piscine. À en croire son regard, il ne semble pas très heureux... Nymbus est un des cinq chats de Mary Schesser qui ont appris à nager.

# DRÔLE DE COUPLES

Les amitiés peuvent naître entre les personnes les plus étranges. Chez les animaux, elles surviennent entre les espèces les plus improbables. Voici quelques-uns des couples les plus surprenants du royaume animal.

## Un chien et son porcelet

Rejeté par sa mère, seul et presque mort... son histoire aurait pu être tragique. Pourtant, comme cela arrive dans les films de Disney, l'histoire de petit porcelet vietnamien a connu un dénouement heureux. Le bébé, âgé de deux semaines, a été découvert par un fermier allemand, sur sa propriété. Celui-ci l'a recueilli et l'a présenté à Katinga, son énorme ridgeback de Rhodésie. Plutôt que de considérer le porcelet comme son futur repas, Katjinga est tombée amoureuse de la petite bête. Elle venait tout juste de sevrer ses chiots, ce qui lui a permis d'allaiter le porcelet. Depuis, ils sont inséparables et Paulinchen est devenu un jeune cochon en santé !

## Amour de singe

Perdre sa mère est un événement malheureux pour tout le monde. Imaginez donc à quel point ce macaque âgé de trois mois pouvait être triste lorsqu'il a été découvert seul, proche de la mort, sur Neilingding Island, en Chine. Même s'il n'a subi aucune séquelle physique, il est évident qu'une fois soigné, il était tout de même encore déprimé. C'était jusqu'à ce qu'un pigeon au grand cœur fasse son chemin dans sa vie et devienne son meilleur ami. Grâce à son nouvel ami, le singe mélancolique s'est vite remis à danser et à s'amuser.

# Le chim-pion du monde!

Anjana le chimpanzé est la gardienne la plus extraordinaire du monde. Ce primate de 5 ans est devenu célèbre, en 2009, lorsque ses surprenants talents de mère ont été démontrés au public alors qu'elle nourrissait un puma de neuf semaines prénommé Sierra. Et ce n'était pas seulement pour épater la galerie. Anjana travaille dans la réserve de The Institute of Greatly Endangered and Rare Species (T.I.G.E.R.S.) (ou si vous préférez, l'institut pour les espèces grandement menacées et les espères rares), avec son patron humain qui lui a appris tout ce qu'elle sait à propos des gros chats!

## Prêt pour une promenade, mon cher?

## Meilleurs amis

Ces deux animaux sauvages, un phacochère appelé Poggles et un rhinocéros nommé Tatenda, ressemblent peut-être à de féroces créatures africaines, mais ils sont plus doux que du coton et les amis les plus invraisemblables du monde. Leur amitié est née lorsqu'ils ont perdu leurs parents aux mains des braconniers et ont été transportés au Imire Safari Ranch, au Zimbabwe. Poggles et Tatenda ont même le droit de se coller et de dormir ensemble, la nuit venue.

### TOUT UN DUO!

Poggles et Tatenda sont maintenant trop grands pour vivre au ranch. Ils ont donc été transférés à la forêt-parc. Ils peuvent donc tous deux faire connaissance avec des membres de leur espèce, ce qui ne les empêche pas de rester proches l'un de l'autre.

« On ne sait jamais à quoi s'attendre lorsqu'on observe les animaux sauvages. »

Le photographe Eric Cheng qui a capturé cette photo de Nadine et de son compagnon aquatique, en pleine expédition de plongée sous-marine.

## Quelle vie de cochon

Lorsque vous êtes à la plage, la dernière chose que vous vous attendez à voir dans l'eau, à vos côtés, c'est bien un cochon. Étrangement, ce n'est pas une perspective si absurde si vous comptez visiter Major Spot, aux Bahamas. Refusant de se contenter de boue et d'étable, voici un groupe de porcs itinérants qui adorent trotter dans le sable et se baigner aux côtés des humains. Ces fainéants bronzés n'hésitent pas à saluer tous les bateaux qui s'approchent. Les truffes brunes et roses sont tellement légion à cet endroit qu'il a été renommé Pig Beach, ou si vous préférez, la plage des cochons. Avec ce soleil cuisant, on peut se demander si la plage du bacon n'aurait pas été un nom plus approprié.

### LE SAVIEZ-VOUS ?
Jetez un coup d'œil à ces faits surprenants à propos des porcs.

• Les cochons ont un sens de l'odorat exceptionnel. Ils peuvent même sentir la nourriture enterrée. C'est pourquoi leur truffe est toujours enfouie dans la terre.

• Un cochon peut boire jusqu'à 64 litres/ 14 gallons d'eau douce par jour.

• Les glandes sudoripares des cochons ne fonctionnent pas. C'est pour cette raison qu'ils se roulent dans la boue pour se tenir au frais.

• Le cri du cochon peut être plus fort que le bruit d'un énorme jet au décollage !

## Max le footballeur

Personne n'a envie de se retrouver dans une mêlée avec ce toutou musclé amateur de rugby. Max est un boxer de 14 mois, et il est membre honoraire du Whitecraigs Rugby Club d'Écosse. Ses passe-temps préférés sont : courir sur le terrain et participer à des essais. Nous recommandons à tout arbitre qui travaille à ses côtés de ne jamais argumenter pour une pénalité...

## Camp de mise en forme pour Fido

En Colombie, les chiens sont gâtés pourris ! Non seulement bénéficient-ils de la plus belle météo qui soit pour se prélasser, mais certains propriétaires de chiens acceptent de payer jusqu'à 106 $ par mois pour que leur gentil toutou puisse passer ses journées au camp de jour pour chien et s'amuser. En plus des entraînements, les chiens ont plusieurs activités comme la natation, attraper la balle et plusieurs autres jeux. Pas mal mieux qu'une simple promenade sur le trottoir. Ayons tout de même une petite pensée pour le pauvre chauffeur d'autobus qui, chaque jour, doit ramener tous ces pitous à la maison et parcourir avec eux une distance de 30,5 km (19 mi). Ce ne doit pas être une expérience facile...

## Un chien courageux

Il pourrait bien s'agir du chien le plus incroyable du monde! Regardez de plus près... Vous verrez que Dare, un berger shetland, n'a que deux pattes. Mais cela ne l'empêche pas de mener une vie remplie et excitante. De plus, Dare est une vraie source d'inspiration pour nous, les humains. Avec sa propriétaire Tami, il visite régulièrement les personnes malades puisqu'il fait partie d'une équipe de thérapie animale. Les gens se sentent toujours mieux après avoir passé du temps avec cet extraordinaire chien.

## Nouvelle saveur : poisson !

Vous pouvez dorénavant ajouter une nouvelle saveur à vos sucettes glacées préférées : poisson! Heureusement, vous n'avez pas besoin de les manger, puisque cette étrange sucette glacée a été inventée pour les loutres, qui ne mangeaient pas assez mais qui avaient trop chaud, du Blue Reef Aquarium de Portsmouth, au Royaume-Uni. Les loutres asiatiques Patty, Selma et Ralph aiment tellement leurs sucettes glacées qu'elles ont appris à les tenir par les bâtonnets de bois.

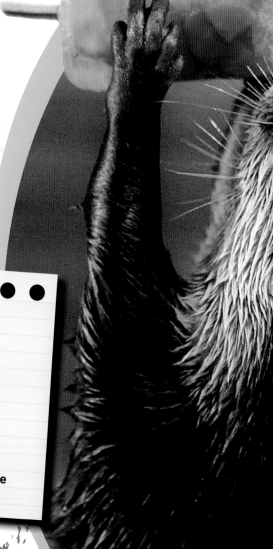

### SUCETTE GLACÉE POUR LOUTRE – LA RECETTE
1 verre d'eau
4 petits morceaux de truite
5 raisins
1 carotte en petits morceaux
1 banane en petits morceaux
Mélangez et congelez dans un contenant à sucette glacée, avec un bâtonnet. Lorsqu'ils sont congelés, trouvez une loutre et donnez-lui. Bonne chance !

## Litière nouveau genre

Ne vous détrompez pas... Nous adorons les chats! Mais vous savez comme nous que lorsqu'ils sont gardés à l'intérieur... ils ont tendance à créer de mauvaises odeurs. Vous savez, cette odeur nauséabonde qui émane de la litière? Pourquoi donc tous les chats ne peuvent-ils pas être comme Doogal? Sa propriétaire australienne, Jo Lapidge, a été inspirée par le chat «Mr Jinks» dans le film *La Belle Famille.*

Jo a été tellement impressionnée de la vitesse à laquelle Doogal a appris à faire ses besoins dans la toilette qu'elle a créé le Litter-Kwitter, un système qui vous aidera à entraîner votre chat à faire ses besoins comme vous! Imaginez, ce produit a été créé il y a cinq ans et il se vend maintenant partout dans le monde. Pour le bonheur de votre nez, commencez à entraîner vos chats dès maintenant!

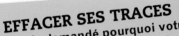

### EFFACER SES TRACES

Vous êtes-vous jamais demandé pourquoi votre chat enterrait ses besoins? C'est en fait une vieille habitude prise à l'époque où les chats vivaient encore dans la nature. En recouvrant leurs excréments, les chats pouvaient dissimuler leur odeur aux prédateurs et ainsi rester en sécurité.

## Je vous présente Petit Stuart, mon fils...

Dans de très rares cas, les animaux ne font pas que se comporter comme nous, ils veulent devenir nous! Prenez par exemple cet adorable wombat blanc qui s'appelle Petit Stuart, comme la souris du très populaire film de Disney. Il fait partie d'une vraie famille humaine, les Mattingley, qui vivent en Australie. Avec son «père» Reg Mattingley, il fait des promenades, discute et s'assure que tous les animaux de centre pour animaux sauvages de la famille vont bien. Après une longue journée de travail, il se pelotonne contre Reg et regarde le rugby à la télévision.

# Suricates futés...

Personne n'aime avoir froid, mais imaginez comment les suricates doivent se sentir lorsqu'ils ressentent une petite brise – alors qu'on sait qu'ils sont davantage habitués à la chaleur torride de l'Afrique du Sud, de l'Angola et de la Namibie. Lorsque les suricates du zoo Taronga de Sydney, en Australie, se sont mis à avoir froid, ils ont décidé de tirer profit des trois lampes que les gardiens du zoo avaient mises en place pour eux et ils se sont placés sous ces rayons de chaleur infrarouge. Le zoo a même dû faire taire les critiques qui affirmaient que les suricates étaient traités comme des grandes vedettes, soulignant que leur lézard dragon, appelé Komodo, avait sa propre roche chauffante.

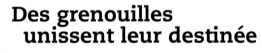

### ANGES DU SOLEIL
Dans le folklore africain, les suricates étaient appelés les anges du soleil. Les gens croyaient alors qu'ils pouvaient combattre les démons, mais à en juger par cette photo, même les anges du soleil ont parfois besoin de se réchauffer!

# Des grenouilles unissent leur destinée

Cela peut incontestablement nous sembler étranger, mais en Inde, le mariage des grenouilles est une très importante tradition. Chaque année, des gens de régions rurales répètent ce rituel pour apaiser Barun Devata, le dieu de la pluie, chez les Hindous, afin qu'il amène des pluies et que les fermiers puissent obtenir des récoltes généreuses.

Jusqu'à 2000 personnes participent chaque année à cet événement qui présente les futurs mariés dans leurs plus beaux atours, dans le cadre d'une surprenante cérémonie de mariage suivie d'un repas gastronomique de mouches et de moustiques. Le sautillant couple est ensuite libéré dans une rivière pour pouvoir entamer sa lune de miel.

### SCELLER L'UNION
Pour la cérémonie, les mariés sont vêtus de tenues de mariage. On présente à la mariée cadeaux et chansons dans le but de célébrer l'union de ces deux amphibiens amoureux.

# Un singe aux multiples talents

Au début des années 1980, si vous passiez dans Lincoln County, dans l'État du Mississippi, aux États-Unis, vous faisiez peut-être partie de ceux qui ont dû y regarder à deux fois en apercevant Cedo. Cet intelligent chimpanzé a souvent été vu labourer les champs, donner du foin aux bêtes ou même pagayer en bateau avant de s'installer confortablement, avec sa canne à pêche, pour capturer le souper.

À la fin d'une longue journée, Cedo prenait place derrière le volant du camion de son propriétaire et allait leur chercher de la bière. Puis, après avoir mangé son souper à l'aide d'une fourchette et d'un couteau, Cedo enlevait ses salopettes avant d'aller au lit pour une bonne nuit de sommeil bien méritée.

**TÊTE D'AFFICHE**

« J'ai peur que quelqu'un qui passe en voiture devant la maison finisse par plonger dans l'étang en le voyant tondre le gazon. »

Le fermier Linsber Brister en entrevue pour le journal *Lakeland Ledger*, à propos des activités quotidiennes de Cedo

# CHAPITRE 3
# Créatures futées

Croyez-vous être la créature la plus futée sur deux jambes ? En fait, la créature la plus futée, peu importe votre nombre de pattes ou de jambes ? Vous risquez fort de reconsidérer cette affirmation après avoir été ébahi par l'intelligence et la créativité des bêtes présentées dans les pages qui suivent.

## Ne manquez pas...

MORSE MUSICAL

ÉLÉPHANTS PEINTRES

SURICATE BOUTIQUIER

# Champion des chimpanzés

Par où commencer ? La liste des réalisations de Louie le chimpanzé est si longue... Il sait faire de la planche à roulettes, mais aussi de la planche à neige, et il a déjà fait les délices de plus d'un million d'amateurs de hockey grâce à ses grandes aptitudes à manier la rondelle. Ça vous semble impossible ? Si vous ne nous croyez pas, vous n'avez qu'à visionner les talents extraordinaires de Louie dans la série de films sportifs *MVP : Most Vertical Primate* d'Hollywood. Quel sera le prochain exploit de ce chimpanzé ? Louie l'astronaute ? Vous pouvez rire, mais ce n'est pas impossible !

## TROP DE TALENT
Lorsque Louie a pratiqué la planche à neige dans l'un de ses films, il était si impressionnant que les producteurs ont dû trouver un deuxième chimpanzé pour filmer les scènes dans lesquelles le chimpanzé doit avoir l'air d'apprendre le sport !

**Créatures
futées**

## Des corbeaux
surprenants

Les scientifiques sont restés bouche
bée lorsqu'ils ont découvert un groupe
de corbeaux qui réussissait à utiliser
et même à fabriquer des outils pour
obtenir de la nourriture. Regardez ce
qu'ils ont fait...

Les corbeaux ont brisé une
plateforme à l'aide d'une pierre pour
pouvoir pêcher les aliments qui se
trouvaient sous cette plateforme. Ils
ont aussi jeté des galets dans un tube
contenant un ver et un peu d'eau.
Chaque galet lancé dans le tube a
fait monter le niveau de l'eau, ce qui
leur a ultimement permis de saisir le
ver. Ils ont même utilisé un crochet
pour saisir de la nourriture dans un
tube. Encore plus impressionnant, les
corbeaux ont fabriqué le crochet en
repliant un morceau de fil métallique!

« Cette découverte est remarquable puisque les corbeaux ne semblent pas utiliser d'outils dans la nature. Pourtant, en captivité, ils rivalisent d'adresse avec des utilisateurs d'outils usuels tels les chimpanzés. »

Chris Bird [oiseau en français], chercheur au nom des plus appropriés, à propos de l'intelligence remarquable des corbeaux

## Chat mystique

Même s'il comptait 50 chambres avec les plus beaux décors
victoriens, le manoir australien connu sous le nom The Abbey
avait un léger problème – il était envahi par les fantômes!
Problème qui n'en était pas un si vous aviez un chat-chasseur-
de-fantômes appelé Merlin.

Selon celui qui a vendu la propriété en 2009, le chat-chasseur-
de-fantômes pouvait sentir quand une présence hors de ce
monde entrait dans une chambre. Si ses poils se hérissaient,
il vous fallait vous préparer à vivre une expérience spectrale
effrayante, incluant des portes qui s'ouvraient et se refermaient
toutes seules, des figures sombres se déplaçant dans les airs
et une femme en blanc qui semblait n'avoir pour mission que de
vous donner la frousse.

## Singes savants

Ce primate prend ses études très au sérieux puisqu'il prend le temps d'étudier sa biologie avant ses examens. Dans la nature, ces étonnants primates sont mieux connus pour leurs talents de sauteurs et de grimpeurs. Mais ce singe-écureuil vit en captivité, au zoo ZSL de Londres, au Royaume-Uni. Il désire à tout prix être le meilleur de sa classe, mais aussi le meilleur au sommet de son arbre, alors il n'a vraiment pas de temps à perdre!

## Chiens-détectives

Le tabagisme est une très mauvaise habitude, et Clop et Chic, ces deux labradors, sont déterminés à écraser pour de bon. Ils sont tous les deux entraînés et utilisés par les autorités françaises pour renifler le tabac illégalement importé grâce à leur sens de l'odorat hors du commun.

Ces chiens détectives sont essentiels dans les organismes d'application de la loi des quatre coins du monde. Ces renifleurs professionnels peuvent détecter une odeur parmi des douzaines d'autres. On dit même que leur incroyable sens de l'odorat est mille fois plus sensible que le nôtre.

C'est à moi… non, c'est à MOI !

### TOUTE UNE ODEUR!

Les chiens peuvent être entraînés pour détecter plusieurs odeurs, dont celle des explosifs, des drogues et même des téléphones cellulaires. Il faut entraîner intensivement un chien pendant trois mois pour en faire un chien détective.

# Il ne faut pas se tromper de pinceau!

Y croyez-vous? Un groupe d'éléphants créatifs d'un camp thaïlandais ont été inscrits dans le livre des records en raison de leur incroyable talent en peinture impressionniste!

Après une dure vie à travailler pour l'industrie forestière, en Thaïlande, les éléphants se voient accorder une retraite bien méritée dans différents camps, à la campagne. Le Maesa Elephant Camp, pour sa part, apprend aux éléphants âgés à reconnecter avec leur côté artistique en leur apprenant à jouer de différents instruments de musique et à peindre sur toile.

## RECORDS AU PINCEAU

En 2005, huit éléphants ont peint ensemble une immense scène naturelle. Cette toile s'est vendue plus de 44 500 $ et a été inscrite dans le livre des records comme étant la toile peinte par des éléphants s'étant vendue le plus cher au monde.

# Pixie Parfait

Pixie le chien sourd. Elle est tout aussi adorable que tous les autres chiots, mais Pixie, un Border-Collie, est bien spéciale. Elle est sourde et apprend le langage gestuel grâce à son entraîneuse, Liz Grewal. Pixie est toute jeune alors elle n'a appris que trois commandements à ce jour: assis, laisser tomber et avancer. La recherche a démontré qu'un chien pouvait apprendre jusqu'à 165 signes. Certains chiens extrêmement intelligents peuvent même reconnaître jusqu'à 250 symboles différents.

## SUPER SIGNE

On voit ici l'entraîneuse Liz demander à la petite Pixie de s'asseoir. Liz entraîne les chiens sourds depuis maintenant six ans.

« Ils apprennent plus rapidement que les chiens entendants puisqu'aucune distraction sonore ne parvient à leurs oreilles. »

Liz Grewal à propos des avantages de l'entraînement des chiens sourds

## Transport canin

Pipi, ce mignon petit chien n'est pas seulement le meilleur ami de l'homme, c'est le meilleur ami d'une famille tout entière. D'une grande générosité, il fait sa part en se rendant au marché des maraîchers, à Zhengzhou, en Chine, presque tous les jours, en tirant une voiturette pour enfants.

Parcourant 1 km (0,6 mille) pour faire des provisions de légumes pour sa famille, Pipi est aussi heureux sur le chemin du retour. Entre ses visites au supermarché, il lui arrive même de reconduire un des jeunes enfants de la famille. Voici un taxi canin parfait qui n'exige que quelques caresses comme rétribution !

## Une artiste morse

Pour Sara le morse, frapper dans ses nageoires et sauter dans des cerceaux est VRAIMENT trop ennuyant. Elle trouve que les comportements de ses congénères sont tellement clichés ! De son côté, elle préfère tenir une rose dans sa gueule, danser le tango ou produire des mélodies grâce à son saxophone.

Pas étonnant que Sara soit l'attraction vedette du Dolphinarium, un centre dédié à la vie marine qui a ouvert ses portes à Istanbul, en Turquie. Elle est si populaire qu'on ne serait pas étonnés que les dauphins soient légèrement jaloux de ses talents. Si c'est le cas, Sara pourra toujours leur jouer quelques notes de blues pour qu'ils se sentent encore plus misérables !

Une note parfaite pour Sara !

### TOUTE UNE CHANCE
Nous sommes très chanceux de pouvoir aujourd'hui apprécier les talents de Sara. Dans les années 1930, la chasse les avait presque tous exterminés. Heureusement, il existe maintenant des programmes de conservation qui contribuent à l'augmentation du nombre des ces surprenantes créatures.

## Amateur de lecture

Willow la magnifique est bourrée de talents. Elle peut éternuer sur demande, a pour compagnons de jeu des cochons d'Inde et des lapins, et elle voyage partout dans le monde. Et elle a appris à lire en à peine six semaines !

Lorsqu'on lui montre un mot, qu'il soit écrit à la main ou imprimé, Willow réagit. Si on lui montre le mot « bang », elle fait la morte. Si on lui montre le mot « wave » (signe de la main), elle lève sa patte dans les airs et, comme vous pouvez le voir sur la photo, lorsqu'on lui montre le mot « sit up » (assis redressé), elle s'installe sur ses pattes arrière et fait semblant de quémander.

### LES EXPLOITS DE WILLOW

• Willow a appris à lire à la suite d'un pari. Lyssa, sa propriétaire, a remporté le pari, ainsi qu'un voyage toutes dépenses payées au Mexique...

• Le certificat de mariage de Lyssa et de son mari porte un deuxième signature très importante – l'empreinte de la patte de Willow.

## La grande évasion

Que pensez-vous de cela comme technique d'évasion ? Karta, une énorme orang-outan de 27 ans, a réussi à mystifier ses gardiens, ainsi que le public, en se sauvant du zoo Adelaide, en Australie. La première partie de son plan consistait à utiliser un bâton pour court-circuiter les fils électriques entourant son enceinte. Après avoir grimpé par-dessus la clôture, elle s'est retrouvée devant un autre mur. Déterminée à réussir son évasion, elle s'est mise à empiler des objets au pied du mur, jusqu'à ce qu'elle puisse atteindre le haut du mur. Karta s'est rendue au haut du mur, s'est arrêtée pendant une trentaine de secondes et a considéré ses options... Puis elle a décidé qu'il était préférable de rester au zoo... Peut-être voulait-elle seulement prouver qu'elle était capable d'une grande évasion !

# Le jour de la marmotte

Chaque année, à Gobbler's Knob, à Punxsutawney, aux États-Unis, la marmotte la plus célèbre du monde, Punxsutawney Phil, y va de ses prévisions météorologiques. Le 2 février, la marmotte quitte son terrier devant des centaines de personnes. Si elle voit son ombre, on doit s'attendre à ce que l'hiver dure six semaines de plus. Si elle ne voit pas son ombre, cela veut dire que le printemps arrivera rapidement. Comment Phil communique-t-il sa prédiction ? Cette astucieuse créature parlerait un langage ancien. Et le seul humain à pouvoir le comprendre est le président du Groundhog Club, que l'on voit sur cette photo.

## LE VERDICT
Après avoir discuté avec Punxsutawney Phil, le président du Groundhog Club révèle la prédiction météo à la foule. Il paraît même que Phil n'a jamais tort !

## BONJOUR LES MANCHOTS
D'autres manchots de la roquerie se sont avérés aussi curieux que ceux que vous voyez ici. On a même observé des parents poussant leurs bébés vers David, le photographe, pour qu'ils aillent lui dire bonjour !

# Pingouins poseurs

Ce ne sont pas tous les animaux sauvages qui se sauvent ou figent de peur lorsqu'ils sont confrontés à des humains. Ces manchots empereurs sont devenus complètement perplexes devant le photographe David Shultz lorsqu'il a pris des clichés de leur roquerie, en Antarctique. Un trio de manchots était si médusé par cette étrange créature à deux pattes sans ailes que lorsque le photographe a laissé son appareil photo sans surveillance, ils ont décidé de faire enquête. À la grande surprise du photographe, un des oiseaux s'est placé derrière la lentille pour jeter un coup d'œil dans le viseur, alors que les deux autres se sont placés devant l'appareil photo afin de prendre la pose pour leur ami paparazzi.

# Équipe pigeon

Les pigeons sont souvent traités de «rats volants», mais on ne peut pas les accuser d'avoir des cervelles d'oiseaux. Les trois compères que l'ont voit ici ont eu une idée lumineuse. Une fois la voie libre, le premier pigeon s'est posé sur le levier qui déclenche la fontaine d'eau. Le deuxième s'est installé pour boire et prendre son bain dans l'eau fraîche, pendant que le troisième jetait un coup d'œil dans les alentours pour s'assurer qu'aucun humain n'interférait. Puis ils ont changé de position pour que chaque pigeon ait son tour. Pas si fous que ça les pigeons !

## CERVELLES DE PIGEONS

Les pigeons sont bien plus intelligents qu'on ne le pense. Voici quelques-unes de leurs aptitudes :
• Des expériences ont démontré que les pigeons pouvaient reconnaître toutes les lettres de l'alphabet.
• Les pigeons peuvent différencier deux personnes dans une photo.
• Ce sont les seuls oiseaux capables de se reconnaître dans un miroir.

## TRAVAILLANT MAIS GOURMAND

Lorsque Clyde ne travaille pas à l'animalerie, il aime particulièrement grignoter des vers de farine, mais sa collation préférée demeure les criquets !

# Vous avez dit suricate ?

Avoir un suricate comme animal de compagnie est déjà passablement extraordinaire, alors imaginez qu'il soit en plus employé d'une animalerie ! Clyde le suricate travaille en effet à l'animalerie de son propriétaire, à Plymouth, au Royaume-Uni. Qu'il travaille à la caisse ou qu'il contrôle les produits pour animaux, il n'hésite pas à se salir les pattes pour donner un coup de main. Clyde a été élevé par la famille Wakeham depuis sa tendre enfance. En ce sens, il ne ressemble donc pas aux autres suricates qui ont plutôt tendance à se tenir loin des humains. En fait, il est plutôt heureux de passer du temps avec les clients et avec les humains qui composent sa famille.

# Chef-d'œuvre sur toile

Faites connaissance avec une arachnide artistique saisie en plein élan artistique par un photographe amateur. Cette araignée utilise ses incroyable habiletés de tissage pour créer des formes géométriques parfaites, à Hong Kong. Personne ne sait pourquoi les araignées travaillent si fort pour créer des chefs-d'œuvre. Certains affirment que c'est pour appâter leurs proies, alors que d'autres croient que ces étonnants motifs ont plutôt pour but d'effrayer les prédateurs. Nous croyons que cette araignée essaie tout simplement de connecter avec son Van Gogh intérieur.

« Je savais que j'avais été chanceux. L'araignée était au centre de cette magnifique toile qu'elle avait tissée. »

Charles Lamm, photographe amateur ayant saisi cette araignée artistique

# CHAPITRE 4
# Passe-temps animaliers

Les animaux nous ressemblent. Ils se divertissent au moyen d'activités amusantes. Toutefois, les bêtes décrites dans ce chapitre ne se contentent pas d'une simple promenade ou d'une rapide partie de balle. Elles prennent leur passe-temps très au sérieux !

Ne manquez pas...

UN PERROQUET QUI JOUE AU BASKETBALL

UN CHIMPANZÉ QUI JOUE AU GOLF

UN COCHON QUI FAIT DU TRAMPOLINE

## Lave-auto à la trompe

Si vous avez toujours voulu voir un éléphant de près tout en faisant laver votre voiture, nous vous recommandons fortement le Wild Animal Park en Oregon, aux États-Unis. Là-bas, une des attractions propose les services de lave-auto d'Alice, Tiki et George, leurs éléphants africains en résidence permanente.

Pour 20 $ seulement, ces brillants mastodontes feront le plein d'eau fraîche pour ensuite asperger votre véhicule. N'oubliez pas par ailleurs de remonter vos vitres. Une fois l'arrosage terminé, ils termineront le travail avec un bon coup d'éponge. Toutefois, ne vous attendez pas à un travail sans tache. Les animaux ne sont pas reconnus pour leur professionnalisme.

« Il s'agit d'une partie importante de notre travail : on doit leur apprendre de nouveaux jeux pour éviter qu'ils s'ennuient. »

Dinah Wilson, dresseuse d'animaux à temps plein dans un parc safari, explique pourquoi on entraîne les éléphants à nettoyer les voitures des visiteurs.

# Trou
# d'un coup

Voici le meilleur golfeur en ville! Rudi,
une femelle chimpanzé de sept ans, est
la reine des clubs de golf. Elle a pour la
première fois révélé ses habiletés sportives
au Parc d'amusement Everland de Yongin,
en Corée du Sud, là où elle attirait un
grand public à chacune de ses séances
de coups roulées. Mais ce n'est pas tout.
Elle est aussi devenue une vedette du Web,
ses performances étant visionnées par des
milliers d'internautes. Ce singe doué s'est
en peu de temps bâti une solide réputation
d'athlète. Et elle n'a certainement pas
besoins de conseils de la part des pros.

## UNE COURSE GLUANTE

Terri a remporté l'édition 2009 du
Championnat mondial de course d'escargot. Elle a rampé vers la victoire
en survolant la piste en 2 minutes et
49 secondes, laissant 187 concurrents
dans son sillon de bave.

# Une course à la vitesse de l'escargot

À vos marques... Prêts... Partez. Faites maintenant bouillir de
l'eau, sortez la théière et grignotez un biscuit. Bienvenue dans
l'univers excitant, mais lent des courses d'escargot. Cette activité
farfelue se déroule à Norfolk, au Royaume-Uni, et rassemble
près de 200 escargots fébriles dans le cadre du Championnat
mondial de course d'escargot. Le public a retenu son souffle
lorsque ces petits bolides se sont élancés et ont traînassé
sur les 33 cm (13 po) de la piste dans l'espoir de mettre la
«main» sur la chope du vainqueur couronnée d'une feuille
de laitue. Vous avez peut-être l'impression que cette activité
exceptionnellement folle a vu le jour après une soirée trop
arrosée entre amis. Eh bien, pas du tout. Le WSRC remet son
précieux trophée annuellement depuis 25 ans et attire des
milliers de spectateurs de partout dans le monde.

# Victime de la mode

Voici les postiches que tous les propriétaires d'animaux s'arrachent en ce moment. On ne peut pas vraiment savoir ce que pensent les animaux de leurs mèches peroxydées, mais les sœurs Jenny et Crissy Slaughter ont rêvé de ces perruques pour animaux après avoir été inspirées par la réaction de la foule à la présentation de leurs chiens de race lors du plus grand festival de concours canin aux États-Unis, le Santa Barbara's Big Dog parade. Jenny et Crissy déguisent leurs chiens depuis leur enfance. On se demande bien à quel point leurs poupées Ken et Barbie ont pu être jalouses !

## COIFFURE POILUE

Fortes de leur succès, les sœurs Slaughter ont créé huit perruques pour séduire les propriétaires d'animaux excentriques :

• L'«Arfro» — oui, vous avez bien lu. Une perruque de style afro inspirée des années 1970.

• L'«Animullet» — Le classique du sportif : court sur le dessus et long à l'arrière.

•Le «Spike» — la perruque verte portée par le chien ci-contre.

• Le «Bobcat» — ce que votre chat a toujours désiré : de longues mèches lustrées (voir à gauche).

## ACCRO À LA PERRUQUE

Il n'y a pas que les Américains qui raffolent de ces perruques complètement dingues. Celles-ci sont vendues dans au moins sept pays. Ainsi, si vous tenez à traumatiser votre animal domestique au moyen d'une postiche, vous n'avez qu'à vous rendre dans un des 80 magasins de l'entreprise.

« Nous avons nous-mêmes créé nos premières perruques pour chien. Elles étaient si mignonnes que les gens en ont immédiatement réclamées. »

Crissy Slaughter explique comment elle est devenue accro malgré elle à la confection de perruques pour animaux domestiques.

# SPORTS NAUTIQUES

Qu'ils s'adonnent au surf, à la plongée sous-marine ou au «kneeboarding» (sport qui consiste à se mettre à genou sur une planche de surf et à se laisser tirer par un bateau), ces animaux adorent jouer sur l'eau ou sous l'eau.

## Un chien et sa planche

Star, le terrier torpille, ne se plaint jamais de s'ennuyer. La raison est simple : il est toujours sur sa planche. Ce chien qui a le goût de l'aventure est devenu accro au «kneeboarding» grâce à son propriétaire australien, Peter Dwyer. Vous retrouverez cette étrange paire les fins de semaine sur la rivière Murrumbidgee de la Nouvelle-Galles du Sud, en Australie. Star accompagne son maître ou se lance lui-même dans le remous sous les regards ébahis des adeptes de sport nautique. Et ne vous inquiétez surtout pas pour sa sécurité. Il porte en tout temps un gilet de sauvetage fait sur mesure.

## Scuba Dooby Doo

Deux cent plongées à des profondeurs de près de 3,6 m (12 pi). Il s'agit de tout un exploit pour un chien. Oui, Shadow le labrador est un véritable plongeur. Lorsque ses propriétaires Dwane et Violet Folsom partaient en plongée, ce chien raffolant de l'eau les pourchassait toujours et essayait de suivre leurs bulles. Convaincu que son chien voulait se joindre à la partie, Dwane a commencé à fabriquer une combinaison spécialement conçue pour Shadow. Équipée d'un casque spécial alimenté en oxygène grâce à un réservoir d'air imaginé par Dwane, la bête a enfin pu se métamorphoser en poisson-chien. Shadow est maintenant un plongeur aguerri qui a entre autres nagé avec des pastenagues (type de raie) au large des îles Caïmans dans les Caraïbes.

## Un chat qui ne craint pas l'eau froide

Ce minet n'est pas du genre à déguerpir au bruit des vagues. Nicolasa, un chat péruvien, a commencé à faire du surf avec son propriétaire Domingo Pianezzi. Au moment de quitter la plage pour s'attaquer à une immense vague, ce dernier réalisa que son chaton de quatre mois n'avait pas peur de l'eau : le félin était tout simplement monté sur sa planche.

   Elle a beaucoup de style selon son propriétaire, qui encourage par ailleurs également ses chiens à adopter le sport. Il est tellement convaincu du talent de la petite bête qu'il prévoit l'inscrire dans des festivals internationaux pour voir si elle peut faire couler ses adversaires.

À vos planches !

## Plonge, pitou, plonge!

La réputation de l'équipe olympique de natation de l'Australie n'est plus à faire. Et à en juger par les performances de la chienne Max, un labrador blond, il semblerait qu'elle se soit trouvé un nouveau plongeur pour les Jeux olympiques de 2012.

   Max adore se jeter dans la partie la plus profonde de la piscine. Ses propriétaires lancent des balles de tennis dans leur piscine extérieure et Max saute à l'eau pour les récupérer. Alors qu'elle s'amuse comme une petite folle, on soupçonne ses propriétaires de souffrir depuis longtemps de la maladie du coude du joueur de tennis.

### LA MEILLEURE TECHNIQUE
C'est l'attaque maximale lorsqu'elle se lance dans la piscine. Nous sommes sûrs que les juges olympiques lui accorderont une note parfaite pour ses habiletés, son style et son engagement.

# Rien à voir avec Daffy Duck

Pourquoi apprendre à manier la rame quand on peut faire du stop ? On a surpris ces malins petits canards sur un morceau de bois flotté dans un étang de Tymon Park, en Irlande. Profitant de l'inattention de sa mère, un des canetons a sauté sur la planche de bois, suivi de près par ses quatre frères et sœurs. Ils se sont ensuite lovés les uns contre les autres pour piquer une petite sieste. Toutefois, la mère cane s'est rapidement rendu compte de leur petite ruse pour éviter d'apprendre à nager. Elle s'est précipitée vers l'embarcation de fortune et l'a fait chavirer d'un seul coup de bec.

« J'ai photographié plusieurs oiseaux dans cette région par le passé, mais je n'avais encore jamais vu des canetons aussi paresseux. »

*Le photographe Paul Hughes qui a pris cette superbe photo du monde animal.*

# Un jeu de quilles sans défense

Voici un animal qui raffole des abats. Moja, un éléphant africain de huit ans, contribue à une collecte de fonds pour le Miami Metrozoo, aux États-Unis, en se livrant régulièrement à une partie de quilles au grand plaisir de spectateurs souvent stupéfaits par sa grande dextérité. En utilisant sa trompe ou ses pieds, Moja est en mesure de faire rouler la boule dans l'allée. Elle essaye à tous les coups de jouer une partie parfaite : 12 abats de suite. En cas d'échec, elle se console la plupart du temps en jouant au softball ou au football.

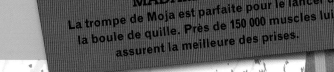

**MADAME MUSCLE**
La trompe de Moja est parfaite pour le lancer de la boule de quille. Près de 150 000 muscles lui assurent la meilleure des prises.

## La voiture Panda

Bien entendu, il n'y a pas de mal à confier un volant à un jeune de 17 ans. Après tout, nous voulons tous apprendre à conduire à cet âge. C'est pourquoi les propriétaires de Yingying, une femelle panda géant de 17 ans, n'ont eu aucun souci lorsqu'ils ont offert un bolide à cette dernière lors d'un festival des arts à Beijing, en Chine. Au volant d'une voiture à piles, Yingying a séduit la foule en roulant autour de la piste tout en faisant entendre son avertisseur. Entre le klaxon et le virage en force, cette ourse douée est jusqu'à preuve du contraire la seule de son espère à pouvoir lever des haltères, faire un « slam dunk » au basketball et se laisser glisser sur une glissoire.

## Tout un sport!

AJ, le perroquet sportif, est considéré par certains comme l'oiseau le plus talentueux du monde. Il peut jouer au golf, enfiler des paniers au basketball et même exécuter des exercices de gymnastique. Il peut aussi faire des rotations sur le doigt de son maître et donner des poignées de « mains » à l'aide de son bec.

Le numéro de cette perruche à collier indienne a connu un immense succès sur YouTube. On peut y voir à quel point AJ se dévoue à son sport : pour se préparer à un slam-dunk, il s'écrie encore et encore : « Mets le ballon dans le panier. » C'est ce qu'on appelle de la concentration !

### UN PERROQUET DISPENDIEUX

Le propriétaire a déboursé une somme de 3000 $ afin de doter son perroquet de son propre terrain de golf. Avec son minuscule panier de basket, que peut-il demander de mieux ?

## Un cochon volant

La boue ne suffit pas à Scarlet, ce porc mangalitza de Hongrie. Non, ce petit cochon préfère sautiller sur le trampoline familial. Sur la ferme de la famille Howell à Shropshirem, au Royaume-Uni, elle l'accapare tellement que les enfants Howell n'ont presque jamais l'occasion de l'utiliser.

Les propriétaires de Scarlet croient qu'elle a hérité des talents de sauteur de son père, Percy le porc, qui avait aussi la passion du trampoline. Malheureusement, ce dernier est devenu trop gras pour l'instrument. On lui y a d'ailleurs interdit l'accès pour éviter la catastrophe.

### BOING, BOING!
Scarlet est si habile au trampoline que ses propriétaires l'ont inscrit à la plus importante émission de talent amateur de Grande-Bretagne, Britain's Got Talent. Une étoile est née !

## Jouer aux petits chevaux

La vie d'un cheval dans l'armée n'est pas toujours de tout repos. Pour aider ces bêtes à se détendre, le King's Troop Royal Horse Artillery se rend à la ville côtière de Blackpool et les laisse s'amuser dans les eaux glaciales de la mer d'Irlande. Ces juments qui affectionnent la baignade sont devenues, avec les ânes qui se prélassent sur la plage, une attraction en soi. Et si les bêtes s'ouvrent l'appétit, elles peuvent toujours échanger leurs carottes pour un morceau de « Sticky Rock », une friandise locale reconnue partout dans le monde.

# Un parachutiste canin

Il semblerait que rien ne plaît autant aux chiens que de se lancer dans le vide attaché à leurs propriétaires parachutistes. En 1987, Katie le Jack Russell (voir photo ci-dessus) est devenu le premier chien à faire un saut de parachute, se précipitant hors d'un avion à quelque 3600 m (12 000 pi) d'altitude.

Il s'agissait d'un accomplissement sur lequel on ne pouvait lever la «truffe», à moins d'être un dachshund miniature nommé Brutus. Dix ans plus tard en Californie, aux États-Unis, cette bête téméraire a inscrit son nom dans le livre des records en exécutant un saut de 4500 m (15 000 pi).

## HAUTE VOLTIGE

Pour en savoir davantage sur les parachutistes canins:

• Brutus le chien volant ne s'est pas contenté d'établir un record. Il a exécuté plus de 50 sauts.

• Une chienne de chasse australienne nommée Hooch est reconnue comme le premier canin à avoir exécuté un saut en parachute. Elle a effectué 53 sauts.

• Hooch a pris sa retraite lorsqu'elle est tombée de son lit et s'est cassé une patte!

## LES MORDUS DE LA CHUTE LIBRE

Katie le Jack Russell et ses compagnons ne sont pas les seuls chiens à s'être élancés dans le vide. Un Whippet un peu bête a en effet fait une chute de 91 m (300 pi) dans un ravin alors qu'il poursuivait un lapin. Heureusement, il a survécu.

## Le plongeon du tigre

Ne vous inquiétez pas. Bien que ce tigre semble faire la bombe pour aller chercher dans la piscine une collation en forme d'humain, ses dresseurs du *Out of Africa Wildlife Park* en Arizona, aux États-Unis, encouragent ce genre de comportement. Ces gardiens de zoo un peu cinglés adorent se faire pourchasser autour de la piscine avant de sauter à l'eau, toujours suivis par leurs gros félins. Après avoir tout éclaboussé, les tigres sortent de l'eau en rugissant, puis recommencent !

« Ces tigres adorent leurs dresseurs. C'est pourquoi ils ne sortent pas les griffes au moment de sauter à l'eau. »

La photographe de faune Kathleen Reeder qui explique pourquoi les entraîneurs sortent indemnes de leurs petits jeux.

## Massage de singe

La vie est douce pour les chats en Thaïlande. S'ils vivent au Centre de randonnée à dos d'éléphant de Chaloklum, non seulement ils se prélassent sur la plage toute la journée, néanmoins à l'affut de la moindre souris, ils peuvent aussi tirer plaisir des massages du singe local.

Ce macaque de trois mois donne un massage à un chaton épuisé. Il se paye lui-même avec les puces qu'il trouve dans le pelage de ce dernier. Les choses se sont malheureusement gâtées lorsque le singe a voulu lui donner un câlin. Le chat a tué la manœuvre dans l'œuf d'un bon coup de griffe !

### MASSAGE PROFESSIONNEL
Ils existent de véritables techniques de massage pour chat. Une des plus populaires est celle du menton. Elle permet de guérir l'acné féline. Cette partie du corps est la seule que les chats ne peuvent atteindre avec leur langue.

## Bon appétit!

Les animaux adorent se faire bichonner par leurs maîtres, particulièrement le jour de leur anniversaire. Et maintenant, grâce à son entreprise de pâtisserie basée aux États-Unis, Debbie Goard facilite la tâche de ces derniers. Debbie crée des gâteaux et des collations sur mesure pour vos animaux. Pourquoi ne pas leur offrir un sanglier sucré, un alligator mangeable ou, dans le cas présent, une girafe que l'on peut engloutir d'un seul cou... euh, coup. Peu importe la sucrerie que vous pouvez imaginer, Debbie peut la réaliser.

### TRÈS CONVAINCANT!

On confond souvent les gâteaux de Debbie et les vrais animaux. En voyant son gâteau chihuahua grandeur nature, un client dans un restaurant s'est exclamé : «Pourquoi y a-t-il un chien sur la table?»

## Tout le monde à bord!

On dit toujours que les gens révèlent leur véritable nature en situation de crise. C'est aussi vrai pour les animaux, à tout le moins pour cette grenouille qui ne semble pas en avoir plein le dos. En 2006, la ville indienne de Lucknow a été touchée par une inondation. Le photographe Pawan Kumar a saisi un de ses moments les plus légers. Il a découvert un amphibien qui transportait gratuitement une souris reconnaissante, quoiqu'un peu débraillée. Le bateau grenouille a sauvé le petit rongeur du naufrage.

# CHAPITRE 5
# Histoires incroyables

Si les animaux pouvaient parler, ils nous raconteraient des aventures si incroyables que nos propres histoires en deviendraient insignifiantes. Vous ne nous croyez pas ? Eh bien installez-vous et soyez subjugués par ces farfelues histoires du royaume des animaux !

Ne manquez pas...

L'HOMME QUI EMBRASSE LES LIONS

CROCS MÉTALLIQUES

CHAT VEDETTE ROCK

# Rodéo pour singe

Moutons, attention! Vêtu de son chapeau de cowboy, de sa chemise et de ses jambières, Whiplash le singe est peut-être mignon, mais lorsqu'il galope au dos de son... Border-Collie, ce primate n'entend pas à rire! Whiplash, un singe capucin de 21 ans, est une grande vedette aux États-Unis. Il éblouit le public lors de rodéos jusqu'à 40 fois par année grâce à ses aptitudes de cowboy, et il n'a aucune difficulté à capturer les moutons!

« Whiplash est difficile à contrôler. Il a un très fort caractère. S'il ne mange pas à temps le matin, il se fâche et lance ses jouets. »

Tommy Lucia, propriétaire de Whiplash, en entrevue au journal *Denver Post* des États-Unis

## À dos de cochon

Au Cushendun Festival, en Irlande, on ne trouve jamais de bacon dans les sandwichs – les cochons sont trop occupés à tenter d'atteindre le fil d'arrivée en premier. Les petits cochons font la course avec des poupées sur leur dos. Le prix remis au gagnant? Rien d'autre qu'un triomphe complet face aux cochons paresseux.

Elle a le béguin pour moi!

## C'est ce qu'on appelle... l'amour d'un chien

L'amour peut déplacer des montagnes... Mais imaginez à quel point l'amour peut être lourd lorsque Leroy, un cheval de 900 kg (1980 lb) vous pile sur la tête! Tout particulièrement si vous êtes un minuscule chihuahua appelé Berry! Il semble que la belle amitié de Leroy et de Berry était sur le point de se terminer. Berry a été amenée chez le vétérinaire mais rien n'a pu être fait pour la sauver, alors on l'a ramenée à la maison pour qu'elle puisse y mourir en paix. Plutôt que de se contenter de mourir paisiblement, Berry s'est réveillée en pleine forme le lendemain matin pour engloutir son petit déjeuner. Leur amour vit donc toujours!

# Robocroc

Voici une devinette pour vous : un crocodile est frappé par une voiture, en Floride, aux États-Unis, et se retrouve avec la mâchoire cassée, incapable de manger. Que faire ? Être soulagé parce qu'il existe un assassin de moins dans les marécages ? Exécuter une petite danse de la joie ? Vous devriez avoir honte ! Ce ne sont pas des crocodiles qui ont mangé 22 personnes aux États-Unis, ce sont des alligators ! En fait, les crocodiles américains ne s'intéressent pas aux humains comme repas, même si certains d'entre eux ne diraient pas non si on leur offrait un de nos animaux de compagnie en guise de collation. Cela explique peut-être pourquoi les vétérinaires ont décidé de réaliser une chirurgie reconstructive sur ce puissant crocodile mâle de 3 mètres à la suite de son grave accident.

« Nous profitons à peine de notre cour arrière. Mes enfants ne veulent même plus y aller. »

Chris Marin, propriétaire américain ayant mis sa maison en vente après que trois de ses chiens eurent été dévorés par des crocodiles…

## TÊTE DE MÉTAL
Une opération de quatre heures pour sauver la vie de ce crocodile a permis d'insérer des tiges de métal pour reconstruire sa mâchoire. Par contre, sa nouvelle apparence est si bizarre que les médecins l'ont rebaptisé Robocroc.

# Lucky, un serpent bien chanceux

En photo, on voit le jeune Cambodgien Oeun Sambat qui, plutôt que de passer du temps avec ses amis sur les terrains de jeu, préfère la compagnie des grands serpents. Son préféré est un python femelle de 5 m (16 pi) appelé Chamreun, ce qui veut dire chanceux.

Chamreun est un nom prédestiné pour ce serpent puisqu'il s'est glissé dans la vie d'Oeun, sans même essayer de le dévorer. Il est plutôt devenu son meilleur ami. Les gens du coin sont si ébahis par cette inhabituelle amitié qu'ils viennent de partout dans la région pour voir Oeun pelotonné contre son amie ou faisant un tour sur son dos.

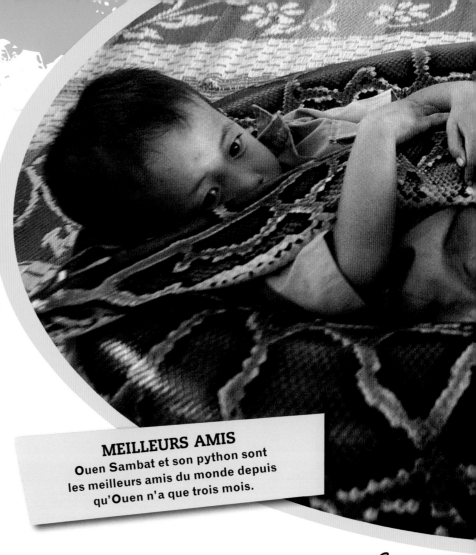

**MEILLEURS AMIS**
Ouen Sambat et son python sont les meilleurs amis du monde depuis qu'Ouen n'a que trois mois.

# Attention, poisson dangereux!

Ce n'est pas de la tarte cette histoire... Des secouristes ont trouvé un bébé phoque ayant été séparé de sa mère sur une plage du Royaume-Uni. Il était affamé. Nous savons tous que les phoques adorent le poisson, et surtout le hareng rouge, mais pas ce bébé que les secouristes ont appelé Heidi.

Lorsqu'on lui a présenté les plus beaux harengs, elle ne pouvait se résoudre à les regarder parce qu'elle en avait peur. Après quelques délibérations pour trouver un moyen d'amener Heidi à aimer le poisson, ses soignants ont eu la géniale idée de lui faire un smoothie au poisson. Grâce à cette ingénieuse idée, Heidi a trouvé le courage, deux semaines plus tard, de se nourrir de poissons entiers!

**LA THÉRAPIE PAR LE POISSON**
Les soignants de Heidi ont commencé par la nourrir de smoothies au poisson à l'aide d'un tube. Ainsi, ils l'ont aidée à s'habituer au goût du poisson et rapidement, sa phobie a disparu.

## Beau travail de peinture

C'est ce qu'on appelle une solution imaginative. Mohammed Bargouthi, un propriétaire de zoo sans zèbres voulait montrer aux enfants de quoi les zèbres avaient l'air en chair et en os, mais en raison des problèmes qui sévissent dans son pays, la Palestine, et en Israël, le pays voisin, il lui aurait coûté 40 000 $ pour qu'un vrai zèbre traverse la frontière et soit transporté jusqu'à son zoo.

Mohammed s'est donc creusé les méninges et a eu une brillante idée. Il a choisi deux ânes et les a décorés de zébrures noires et blanches. Il s'est donc retrouvé avec des ânes à l'apparence de zèbres... du moins si on se tient à une certaine distance. Heureusement pour lui, le subterfuge a bien fonctionné et les ânes colorés ont remporté un grand succès auprès des enfants !

### À FAIRE SOI-MÊME
Les ânes blancs ont été transformés en zèbres à l'aide d'un pinceau, d'un peu de ruban à masquer et de teinture noire pour les cheveux !

# ATTAQUE ANIMALE

**Promis! Aucune créature n'a été blessée dans ces pages!**

## Coq contre chien

Pauvre chien qui tente de se défendre contre Dudu, un coq domestique âgé d'un an. Ne vous en faites pas, la pauvre bête n'a pas été blessée, mais elle a appris à ne pas s'en prendre à Dudu. Peut-être aurait-il quand même dû s'informer puisque ce coq batailleur a une sale réputation dans tout Zhengzhou, en Chine, comme n'aimant pas les chiens.

Dudu se tient sur le vélo de son maître, pendant que celui-ci travaille. Une fois rendu à la maison, tous les chiens du complexe d'appartements savent qu'ils ne doivent pas s'approcher de Dudu... sinon, garde à son bec pointu!

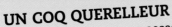

### UN COQ QUERELLEUR
Depuis qu'il a quatre mois, ce coq ne cesse de se battre avec les chiens. Heureusement, ce ne sont pas toutes les facettes de sa personnalité qui défient les règles. Lorsqu'il traverse la rue, c'est toujours aux feux verts...

## À tire d'aile

En raison des températures hivernales et des pénuries de nourriture qui s'ensuivent, ce hibou habituellement nocturne (à droite sur la photo) a décidé de s'aventurer en plein jour pour voir s'il ne pourrait pas capturer une savoureuse collation. Malheureusement, sa tentative fut infructueuse. Chaque fois que le pauvre hibou réussissait à saisir une souris ou un campagnol, une crécerelle kamikaze (à gauche sur la photo), l'attaquait, lui faisant échapper sa collation pour pouvoir la lui voler. Gageons que cette crécerelle n'était pas très contente qu'un hibou se trouve dans son territoire aérien...

### DÉCOLLE!
Habituellement, les hibous et les crécerelles ont plutôt tendance à se laisser tranquilles. Les hibous sont normalement maîtres de la nuit, alors que les crécerelles règnent le jour.

# Combat épique

Si vos parents vous voyaient vous battre comme ça, ils seraient assurément furieux! Pourtant, pour ces deux étalons sauvages qui ont été relâchés dans la campagne britannique pour contribuer à une réserve naturelle, se battre de la sorte est tout sauf un cauchemar. En fait, c'est tout à fait naturel.

Ces chevaux konik sont tellement rares en Grande-Bretagne qu'on risque fort de se surprendre davantage de leur présence que de leur fougue au combat. Jusqu'à ce que ce troupeau de 50 chevaux soit importé au pays, cette race n'avait pas foulé l'herbe verte d'Angleterre depuis plus de 4000 ans. Avec un peu de chance, s'ils ne se battent pas trop, les Britanniques pourront les admirer pendant les 4000 prochaines années.

## C'EST L'HEURE DE LA TONTE DE PELOUSE

Ces chevaux konik contribuent à l'entretien des pâturages en broutant l'herbe – oui, oui, ce sont de vraies tondeuses à gazon!

## CHEVAUX PRÉHISTORIQUES

- Les chevaux konik sont liés à une race préhistorique appelée tarpan.
- Les tarpans erraient en Grande-Bretagne il y a des millions d'années, avant même la dernière période glaciaire.
- Cette race s'est éteinte à cause de la destruction de son habitat naturel. De plus, les fermiers les tuaient parce qu'ils mangeaient leurs récoltes.
- Le dernier tarpan est mort en captivité, en Russie, en 1879.

« Parfois, les étalons ne font que s'amuser... mais il arrive aussi qu'un étalon célibataire mette au défi l'étalon dominant. »

Carol Laidlow, coordonnatrice de la conservation de la réserve naturelle Wicken Fen, au Royaume-Uni

## Brave souris...

Nous sommes pas mal convaincus que ce chat espérait que personne ne verrait jamais cette photo puisqu'il semble que c'est bien le chat qui a peur de la souris! En fait, il semble que ce chat perplexe se soit aventuré trop proche du nid de cette petite. Pas contente du tout, la souris s'est relevée sur ses pattes arrière et s'est mise à chicoter de colère. Et dès que ce moment unique fut saisi sur pellicule, le chat a tourné les talons et s'est enfui. Pauvre minou. Imaginez les railleries de ses amis lorsqu'ils verront cette photo... Miawwwww!

« Le chat était beaucoup plus gros que la souris... mais ça n'a pas semblé l'effrayer. Ce doit être la souris des champs la plus brave du pays. »

Geoff Robinson, photographe, témoin de la scène

*Allez minet, ose pour voir!*

## Surplus de bagages

Vous partez en vacances? Lunettes de soleil, maillot, crème solaire: oui! Quarante-sept reptiles, incluant un python: oui, oui, oui! C'est exactement ce que les douaniers ont trouvé lorsqu'ils ont passé aux rayons-X la valise d'un homme quittant l'aéroport de Sydney, en Australie. La cargaison complète incluait 24 scinques rugueux, 14 scinques à langue bleue, 3 pythons à tête noire et 1 python albinos. Heureusement, toutes ces créatures écailleuses ont été secourues, tandis que le malfrat a été jeté en prison.

**QU'EST-CE QU'IL Y A DANS MON PANTALON?**
Certains contrebandiers d'animaux manquent sans contredit de brio. Robert Cusack, un citoyen américain a passé 57 jours en prison après s'être exclamé : «J'ai des singes dans mes pantalons!» Le pire, c'est que c'était vrai!

## Noël des fermiers

Ceci risque d'être une vision normale si vous habitez près de Santa Claus, en Laponie. Mais sinon, vous avouerez que de croiser un renne est très inhabituel. Pourtant, les résidants de Enfield ont l'habitude puisque le fermier Gordon Elliot fait faire des promenades à Dobbey, son renne préféré.

On croise parfois ce duo inhabituel dans des restaurants à service rapide, faisant du lèche-vitrines ou prenant un verre dans un pub. Heureusement, s'ils prennent un verre de trop, ils peuvent toujours prendre le train pour rentrer à la maison !

**HO! HO! HO!**
Chaque année, à Noël, Gordon amène Dobbey le renne à l'école du coin pour le plus grand bonheur des enfants.

**LIVRAISON PAR PIGEON**
Le courrier par pigeon pourrait bien représenter l'avenir des communications modernes. Une entreprise compte utiliser régulièrement ces oiseaux pour la livraison de gros fichiers informatiques.

## Pigeon facteur

Est-ce un avion ? Est-ce Superman ? Non, c'est un oiseau facteur qui effectue la livraison de fichiers informatiques. La prochaine fois que vous vous assoirez devant votre ordinateur et profiterez de votre connexion Internet haute vitesse, ayez une petite pensée pour ceux dont la connexion est à la vitesse de l'escargot.

Une entreprise d'Afrique du Sud était déconcertée par le temps nécessaire pour télécharger de gros fichiers. Elle a donc mis au défi Winston, un pigeon de 11 mois, de transporter, à tire d'ailes, des clés USB de 4 Go sur 96 km (60 milles) entre les deux bureaux. Le défi n'était pas de se rendre, mais bien d'y arriver plus rapidement que ce que permettait la connexion Internet. Le pigeon a réussi à compléter le trajet en deux heures. Lorsqu'il est arrivé à destination, seulement 4 pour cent du fichier avait été téléchargé.

**TÊTE D'AFFICHE**

Gros bisous!

## Tout est dans la crinière

Reconnus pour leurs dents acérées pouvant même percer l'acier, et leurs pattes pouvant casser des os d'un simple mouvement, les lions sont des créatures effrayantes. Leur tempérament enflammé a par ailleurs toujours terrifié les humains. En fait, presque tous les humains ! Voici Kevin Richardson qui, au lieu de se sauver en courant, préfère jouer, nager et même dormir avec le roi des animaux, utilisant son ventre comme oreiller.

Cet étonnant zoologiste et comportementaliste des animaux qui travaille en Afrique du Sud a stupéfié la planète entière avec les incroyables liens qu'il a créés non seulement avec des lions, mais aussi avec des léopards, des guépards et même des hyènes. À un tel point qu'il est maintenant membre honoraire de leurs clans.

« Je dois me fier à mon propre instinct pour jauger un animal ; une situation... C'est peut-être dangereux, mais ce n'en est pas moins passionnant pour moi. C'est tout sauf un travail. »

L'expert animal Kevin Richardson, en entrevue pour le journal Daily Mail, à savoir pourquoi et comment il est devenu si proche des lions.

### MOINS DE LIONS

Kevin n'embrasse pas ce lion uniquement pour le plaisir de lui témoigner son affection. Il souhaite sensibiliser la population mondiale à leur situation désespérée. Au cours de la dernière décennie, la population de lions est passée de 300 000 à 23 000.

# Dr Tortue

Elle ressemble peut-être à un mignon reptile qui souhaite s'amuser dans l'eau, mais cette tortue américaine, comme plusieurs autres de son genre, est considérée comme ayant des pouvoirs médicinaux magiques au Cambodge, en Asie du Sud-Est. Les gens se déplacent au temple local situé en banlieue de la ville de Phnom Penh pour qu'un moine ou une sœur bouddhiste dépose la tortue vénérée sur leur corps, dans le but de les guérir de problèmes tels les rhumatismes (douleurs articulaires). Cette tortue a été offerte au temple par un pêcheur local. Nous sommes convaincus que ce don lui permet d'obtenir des rendez-vous et d'être traité sans frais, en tout temps, par le surprenant Dr Tortue!

## MAGIE ANIMALE
Le Cambodge, comme plusieurs autres pays d'Asie, croit depuis longtemps aux pouvoirs guérissants des animaux. Selon les Cambodgiens, les tortues américaines, les vaches et les serpents auraient des pouvoirs médicinaux.

## UNE LONGUE VIE...
Certaines personnes croient que le seul fait d'avoir un chat peut augmenter notre longévité. Pourquoi? Tout simplement parce que les chats nous rendent heureux. Les amateurs de café avec chat doivent aussi être de cet avis puisque ces établissements sont toujours bondés.

# Un café avec chat s.v.p.

Vous êtes tendu? Nous vous recommandons de déménager au Japon. Vous y découvrirez les bienfaits de la thérapie féline. Si vous vous promenez à Tokyo, vous découvrirez des cafés servant des cappuccinos, des petits gâteaux et des chats pour vous remonter le moral.

Pour environ 9 $/heure, vous pouvez caresser un chat qui ronronne (ou qui bâille aux corneilles!) pour éloigner vos soucis. Certains cafés ont jusqu'à 20 chats à proposer à leur clientèle. La plupart sont des femelles, puisque les mâles sont reconnus pour se battre et pour marquer leur territoire avec leur urine. Dans un tel établissement, ce serait risqué pour votre café. Beurk!

# Je marche!

Voici tout un exploit – le premier éléphant avec une fausse patte. Mosha, un éléphant asiatique de 4 ans, a perdu sa patte droite après avoir marché sur une mine terrestre. Pendant deux ans, elle a dû se déplacer sur trois pattes.

Heureusement, Mosha a été secourue par les amis de l'hôpital pour éléphants asiatiques de Thaïlande. Dr Therdchai Jivacate, spécialiste dans la fabrication de membres artificiels pour les humains, a créé une nouvelle patte pour Mosha à l'aide de plastique, de métal et de sciure de bois. Le nouveau membre est tellement réussi que Mosha peut maintenant marcher et même courir. Récemment, sa patte artificielle a été remplacée par une nouvelle patte plus grande puisqu'elle grandit vite.

# Bélier de luxe

Ce bélier écossais est en fait un mouton de luxe! On croit même qu'il s'agit du mouton le plus cher du monde puisqu'il a été vendu 354 600 $ en 2009. Graham Morrison, son ancien propriétaire, a affirmé que le prix dépassait même ses rêves les plus fous...

Jimmy Douglas, le fermier qui a fait l'acquisition du bélier appelé Deveronvale Perfection, n'a pas l'intention d'en rester là. Et il est convaincu que sa nouvelle acquisition en vaut la peine. C'est qu'il a l'intention de l'accoupler et de récupérer sa mise – et peut-être même plus! – en vendant ses agneaux. Ça reste à voir...

## 2ᴱ AU PALMARÈS

L'ancien mouton le plus dispendieux de Grande-Bretagne, Tophill Joe, s'est vendu 196 500 $ en 2003. Il a engendré des agneaux qui, ensemble, lui ont rapporté plus de 1 500 000 $.

## Cachette secrète

Une famille d'Austin a vécu une expérience inquiétante, en 2009, lorsque son chat Sandi n'est pas revenu à la maison, le soir venu. Quatre journées de recherches infructueuses se sont écoulées avant que la famille au cœur brisé reçoive un appel téléphonique l'informant que Sandi avait été retrouvée... en Espagne, à plus de 1160 km (720 mi) d'Austin où vit la famille, près de Portsmouth, au Royaume-Uni.

Les autorités croient que Sandi s'est installée sous le capot d'une voiture, qu'elle s'y est endormie, et que la voiture a alors été conduite sur un traversier pour Bilbao, en Espagne. Heureusement, le chat voyageur a été vu dans le port espagnol par un employé qui l'a immédiatement transporté chez un vétérinaire local qui a pu retracer les propriétaires de Sandi.

## VOYAGE ÉCLAIR

L'aller-retour rapide de Sandi fut sans contredit le voyage d'une vie.
• Pour le voyage du retour, Sandi a obtenu sa propre cabine sur le traversier.
• On lui a servi un repas quasi gastronomique, composé de saumon et de poulet.
• Le personnel du traversier ne s'est pas gêné pour lui rendre visite, lui faire des caresses et s'assurer qu'il était à l'aise !

## Taxi !

Sergeant Podge fait littéralement tourner sa propriétaire en rond ! Chaque soir, ce gros minet disparaît et est retrouvé, au petit matin, toujours au même endroit, à exactement 2,4 km (1,5 mi) de sa maison. Sergeant Podge bénéficie de ce service de transport de luxe depuis maintenant cinq mois. Liz, sa propriétaire, croit que son chat parcourt toute cette route parce qu'un voisin qui lui donnait à manger a quitté le quartier, et qu'il est à la recherche d'un nouveau bienfaiteur.

### LA RIVALE DE SERGEANT PODGE
Sergeant Podge a une rivale qui aime autant que lui faire des balades en voiture. Nancy la chatte a réussi à faire 12 balades en voitures en l'espace de 3 semaines en grimpant incognito dans la voiture des voisins !

# CHATS CHANTEURS

**Nous savons tous que les chats ont de multiples talents, mais de là à former un groupe, à enregistrer un disque et à le mettre en marché pour le plus grand plaisir de leurs amateurs... ça dépasse un peu les bornes!**

## Voici Mushashi!

Pas de risque que ces vedettes rock se comportent mal après un spectacle ayant fait salle comble. Pas de risque non plus qu'ils arrachent les rideaux ou qu'elles lancent des téléviseurs par la fenêtre, ou encore qu'elles chassent les souris plutôt que de s'occuper de leurs fans ou qu'elles vomissent des... boules de poil. Faites connaissance avec Mushashi, un groupe composé de cinq chats qui fait fureur au Japon, depuis sa création en 2007.

### PERFORMANCE ANIMALE
Le talentueux groupe est composé de cinq chats détenant chacun ses talents bien particuliers au micro.
- **Musashi** – mâle, cris principaux
- **Leo** – mâle, bruits de pleurs sourds
- **Luca** – femelle, bruits de pleurs aigus
- **Seri** – femelle, voix principale
- **Marble** – harmonies

### ÇA C'EST DU ROCK!
Le groupe a son propre équipement musical personnalisé, adapté à sa taille et portant le nom du groupe. C'est ce qu'on appelle de vraies vedettes rock.

## Sensation vocale

La principale vedette féline de ce groupe de chats rockeurs est Musashi, un chat des forêts norvégiennes âgé de 6 ans, que l'on voit ici en photo. Avec ses quatre comparses, il inonde les palmarès musicaux de classiques de Noël et du Nouvel An tels *Vive le vent* (Jingle Bells) et une version japonaise d'*Auld Lang Syne* intitulée *Hotaru no Hikari*. Un groupe que tout félin ambitieux aura de la difficulté à suivre!

Musashi se prépare à livrer toute une prestation!

### À TÉLÉCHARGER ABSOLUMENT!

Les chansons du groupe Musashi sont tellement populaires au Japon qu'elles peuvent maintenant être téléchargées sur ordinateur et même sur téléphone cellulaire.

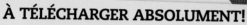

## Félins contractuels

Les cinq boules de poils n'ont peut-être pas encore entrepris de tournée mondiale, mais cela ne les empêche pas d'avoir leur propre compagnie de gestion d'artistes. Selon leur contrat, chaque membre doit recevoir une bonite à ventre rayé pour chaque chanson produite. Les chats chanteurs de pomme sont aussi devenus une sensation sur Internet. Le premier simple du groupe, *Jingle Bells*, a été visionné plus d'un million de fois sur YouTube et a même été mis en nomination dans la catégorie Meilleur vidéo sur YouTube, en 2007!

# CHAPITRE 6
# Obsessions animales

Il existe des gens, mais aussi des pays entiers, qui aiment beaucoup trop leurs animaux. Consultez ce palmarès des continents et des gens qui vénèrent leurs animaux !

Ne manquez pas...

MOUTON EN VOITURE

CANICHES CHICS

HÔTEL POUR CHIENS DE CHASSE

# École des charmeurs de serpents

Les cours à l'école sont parfois ennuyants, et même très ennuyants! Ce qui ne risque pas de vous arriver si vous faites partie de la tribu Vadi, en Inde... Pourquoi? Parce que cette tribu a remplacé les additions par les serpents, à l'école!

À partir de l'âge de 2 ans, on enseigne aux garçons et aux filles l'art de charmer les serpents. Les garçons apprennent à jouer de la flûte pour séduire les cobras, alors que les filles apprennent à manipuler les reptiles et à s'assurer qu'ils sont bien traités et soignés. Pas mal plus intéressant qu'un cours de mathématiques, non?

« Nous expliquons aux enfants que nous éloignons un serpent de son habitat naturel pendant un maximum de sept mois. Plus que ça serait un manque de respect... »

Babanath Mithunath Madari, charmeur de serpents en chef

## DIÈTE SPÉCIALE
Les cobras qui sont utilisés pour l'apprentissage en classe peuvent faire de douloureuses morsures, mais heureusement, grâce à une diète spéciale, ces morsures ne sont plus mortelles.

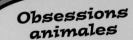
# Cuisine canine

Ne vous inquiétez pas, nous ne sommes pas sur le point de vous apprendre à cuisiner un chien à la sauce aux poivres! Ce dont il est question ici n'est ni plus ni moins que la plus récente boutique de fantaisies ayant pour but de gâter votre chien. Dr Pro, située à Taipei, à Taïwan, est une crèmerie qui propose toutes les meilleures gâteries glacées pour chiens.

Les chiens affamés devraient aussi considérer se rendre à Séoul, en Corée du Sud, pour suivre des cours de cuisine et ainsi apprendre à préparer en vitesse des petits gâteaux. Il est par contre possible que votre chien avale tous les ingrédients avant de faire le gâteau...

### CRÈME GLACÉE ANTI-ODEURS

Aux États-Unis, il est maintenant possible d'acheter de la crème glacée pour chien qui permet d'améliorer l'odeur de leurs excréments. Parmi les ingrédients de cette crème glacée miracle, on compte la racine de guimauve, l'ortie et l'eau de racine de réglisse. Miam!

# Corrida nouveau genre

Il y a beaucoup de controverse autour de la corrida, en Espagne. Mais il semble que ce nouveau passe-temps, qui peut s'avérer mortel, permet au taureau d'obtenir la monnaie de sa pièce. Les règles sont simples : il vous faut un maximum de trois taureaux et sept membres d'une équipe de «recortadores», ces spécialistes des sauts pour éviter les taureaux, puis vous placez dans une arène, sous les yeux d'une foule avide de sensations fortes.

Maintenant, retenez votre souffle puisque les taureaux vont s'élancer vers les hommes qui doivent bondir et sauter pour éviter d'être réduits en miettes. Heureusement pour eux, les «recortadores» sont de fascinants acrobates qui peuvent réussir des sauts époustouflants pour avoir la vie sauve.

### RETOUR DE BALANCIER

Même les organismes qui sont contre les corridas traditionnelles n'ont rien à reprocher à cette corrida nouveau genre puisque les taureaux ne sont victimes d'aucun sévice. En fait, homme et taureau sont à armes égales... ou presque!

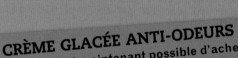

# Wouf, Wouf, Grrr...

Connaissant les chiens, le titre ci-dessus se traduit sûrement par : De la bouffe ! De la bouffe ! Maintenant ! Mais si vous avez des doutes et que vous considérez que votre toutou chéri a besoin d'une oreille attentive et d'une bonne discussion, nous vous recommandons de faire appel au surprenant dispositif vocal Bowlingual qui vous traduira ce que votre chien ressent.

Pour le faire fonctionner, vous devez fixer un micro sans fil autour du cou de votre toutou chéri. C'est ce micro qui transmettra ce que votre chien a dit à une console portative. Cette dernière analyse alors et traduit ce que votre chien essaie de vous dire en vous présentant un des six états émotionnels. C'est un peu comme transformer des jappements en mots !

**TÊTE D'AFFICHE**

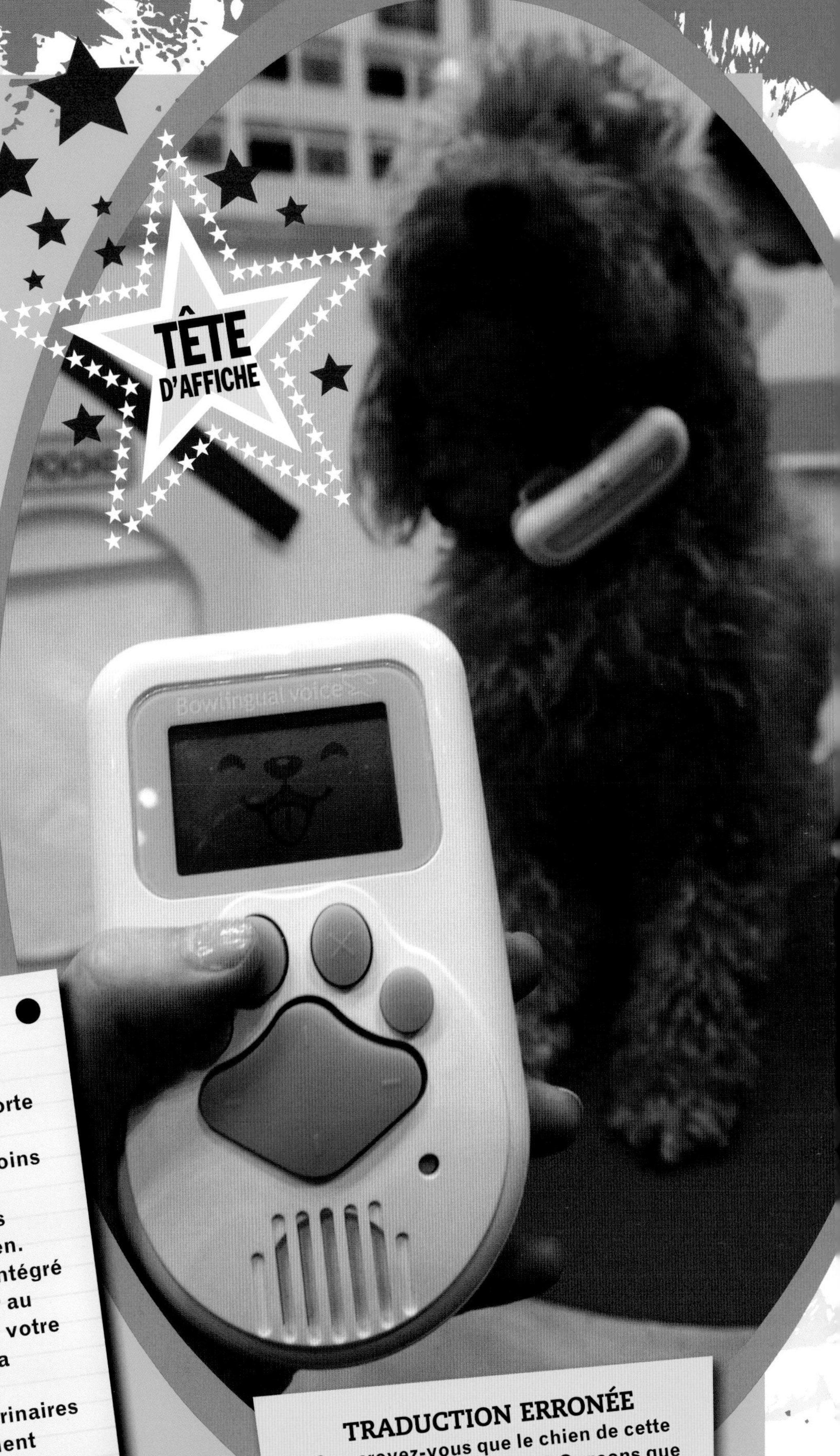

## DIS-MOI TOUT

Les fabricants du dispositif vocal Bowlingual considèrent qu'il comporte de nombreux avantages pour les propriétaires de chiens. C'est du moins ce qu'ils affirment.
• Ce dispositif vous aide à être plus proche des émotions de votre chien.
• Il est vendu avec un répondeur intégré pour que vous puissiez vous tenir au courant des émotions vécues par votre chien lorsque vous n'êtes pas à la maison.
• Il a été créé avec l'aide de vétérinaires professionnels qui savent vraiment « parler aux animaux ».

## TRADUCTION ERRONÉE

Que croyez-vous que le chien de cette photo est en train de dire ? Gageons que ça ressemble à : « Pouvez-vous enlever ce ridicule micro autour de mon cou ! »

# PITOU AUX PETITS SOINS

**On dit que le chien est le meilleur ami de l'homme. Pour démontrer à votre ami sur quatre pattes à quel point vous l'appréciez, voici l'occasion de le traiter aux petits oignons.**

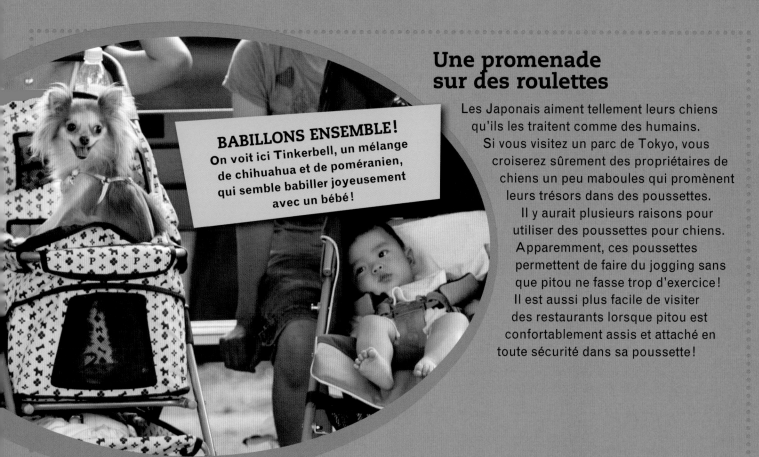

**BABILLONS ENSEMBLE!**
On voit ici Tinkerbell, un mélange de chihuahua et de poméranien, qui semble babiller joyeusement avec un bébé!

## Une promenade sur des roulettes

Les Japonais aiment tellement leurs chiens qu'ils les traitent comme des humains. Si vous visitez un parc de Tokyo, vous croiserez sûrement des propriétaires de chiens un peu maboules qui promènent leurs trésors dans des poussettes. Il y aurait plusieurs raisons pour utiliser des poussettes pour chiens. Apparemment, ces poussettes permettent de faire du jogging sans que pitou ne fasse trop d'exercice! Il est aussi plus facile de visiter des restaurants lorsque pitou est confortablement assis et attaché en toute sécurité dans sa poussette!

## L'heure de la tonte

Il n'y a pas que les Japonais qui se passionnent pour leurs toutous. Les Chinois aussi. C'est peut-être parce que dans certaines villes, chaque famille ne peut avoir qu'un seul chien. Cette règle stricte fait que les toutous sont presque assurés d'être gâtés pourris par leur propriétaire. Une visite hebdomadaire au salon pour animaux du coin pour un toilettage complet, suivi d'une tonte par un toiletteur professionnel n'est pas rare. Vraiment pas une vie de chien, n'est-ce pas?

# Ils dansent avec les chiens

Danser le tango avec son chien ? Ça peut nous sembler bizarre ici, mais au Japon, c'est une pratique très encouragée. Vous ne savez pas comment pratiquer la danse de salon avec votre ami poilu ? Vous n'avez qu'à vous inscrire aux cours de danse de l'école Wan Nyan World.

À cette école, on encourage les partenaires de danse à quatre pattes et à deux pattes à perfectionner leurs pas de danse, et c'est la diva Mayumi Ozuma qui apprend aux chiens à faire des pas gracieux entre les pattes de leurs propriétaires et à les contourner avec style. Certains propriétaires prennent ce passe-temps tellement au sérieux qu'ils inscrivent leurs chiens danseurs à des compétitions !

« Que ce soit un chihuahua ou un immense Saint-Bernard, avec la bonne musique, tous les chiens peuvent danser. Même l'âge n'a aucune importance. »

Mayumi Ozuma, experte en danse canine

# À bas les chenils !

Si vous aimez votre chien et que vous préparez des vacances auxquelles il ne peut vous accompagner, et que vous ne souhaitez pas le laisser dans un chenil, réservez pour lui une place dans un hôtel de la chaîne Canis Resort, la première chaîne d'hôtels pour chiens. Les chiens sont installés dans un pavillon avec leur propre lit et même un jardin pour jouer, aussi bien le jour que la nuit. Parmi les services, un entraînement intensif et même un service d'accompagnement à l'aéroport pour que votre toutou adoré puisse être présent à votre arrivée.

## L'heure du bain

### VIE DE LUXE
Cet hôtel exclusif pour chiens propose neuf pavillons chauffés pouvant accueillir jusqu'à 45 chiens. Le tout est surveillé par 20 employés, sept jours sur sept, 24 heures par jour.

CANIS RESORT®

# Ciné-parc canin

Vous pensiez que les chiens s'intéressaient uniquement à la bouffe, au dodo, aux caresses et au reniflage de derrières ? Détrompez-vous, ils sont aussi amateurs de cinéma. Le premier – et probablement le seul – festival de films pour chiens s'est tenu dans la capitale mondiale du film, Los Angeles, aux États-Unis, en 2009.

Les chiens (ainsi que leurs pro-priétaires, s'ils ont été invités) s'y sont présentés pour visionner une heure de courts métrages dédiés à tout ce qui fait japper un chien de bonheur.

## DES FILMS AVEC UNE MISSION

Un message important a été véhiculé par ce festival de films canins. Celui-ci a été tenu pour sensibiliser les gens à l'existence de l'organisme PAWS, une œuvre de bienfaisance des États-Unis qui aide les personnes malades à prendre soin de leurs animaux.

# Ensemble antiséisme pour animaux

Les experts recommandent toujours de rester à l'intérieur et d'attendre la fin du séisme, si jamais vous êtes témoin d'un de ces événements naturels. Pourtant, au Japon, ces amoureux des animaux risquent davantage de s'élancer vers leur chien ou leur chat pour pouvoir lui enfiler son ensemble de survie antiséisme. L'ensemble comprend des bottes spéciales pour protéger les pattes vulnérables, un manteau rembourré, un chapeau de pluie et même une bouteille d'huile pour détendre votre animal. Trois différents ensembles sont offerts : de base, style de vie et ultime. Ces ensembles coûtent jusqu'à 600 $ chacun... un petit prix à payer pour garder votre animal en sécurité !

## ENSEMBLE DE SURVIE

L'ensemble antiséisme pour chat comprend des sacs étanches dans lesquels vous pouvez insérer un de vos vêtements. Il semble que votre odeur rassurera votre chat, à la suite d'un séisme.

« On ne parle pas ici d'un petit loft de cour arrière... c'est un hôtel cinq étoiles à la fine pointe de la technologie pour pigeons. »

*Mary Bartlett, copropriétaire des plus belles installations de reproduction pour pigeons de la planète*

# Pigeons aux petits soins...

Les pigeons, c'est du sérieux. Des milliers de dollars sont nécessaires pour accoupler ces merveilles ailées et en faire des coureurs de compétition. Leurs chances de devenir le meilleur sont grandement améliorées s'ils séjournent au Ponderosa Stud Centre, à Weymouth, au Royaume-Uni. Il s'agit d'un étonnant complexe de 1 500 000 $ construit pour répondre aux moindres besoins des pigeons professionnels.

Bénéficiant d'un équipement d'alimentation et d'abreuvement à la fine pointe de la technologie, dans un environnement de reproduction contrôlé par ordinateur, le parfait pigeon peut être élevé, pour ensuite être acheté par de très riches amateurs de courses de pigeons. Pendant que les précieux pigeons bénéficient d'un traitement cinq étoiles, leurs propriétaires peuvent se détendre et prendre une douche. Ils peuvent même prendre le temps de se retirer dans une loge de luxe pour inspecter leurs précieux pigeons, à leur convenance.

## LE SAVIEZ-VOUS ?

Voici quelques faits sur le Ponderosa Stud Centre.

• Les Arabes adorent les courses de pigeons. Pour cette raison, le centre a récemment transporté plus de 100 oiseaux au Moyen-Orient.

• Le Ponderosa Stud Centre peut héberger jusqu'à 2000 oiseaux à la fois. Ce nombre augmente au moment du Nouvel An, période pendant laquelle les pigeons aiment s'accoupler.

• Les copropriétaires, Mary Bartlett et Tony Hane, travaillent à la reproduction de pigeons de concours depuis plus de 20 ans.

## Caniches transformés...

Si vous jetez un coup d'œil très rapide, vous pourriez croire que vous avez affaire à un escargot... et à Johnny Depp, mais ce sont en réalité des caniches déguisés et transformés par leurs propriétaires qui les ont fait photographier par Ren Netherland. Les caniches qui sont amenés dans ce surprenant studio de photo mobile sont costumés de façon étonnante : chameaux, chevaux, pandas, dragons, footballeurs américains et oui, Jack Sparrow du film *Pirates des Caraïbes*.

Lorsque Ren ne sillonne pas les routes de l'Amérique à la recherche du caniche parfaitement costumé, il passe son temps à photographier les animaux de compagnie des stars de l'intelligentsia. Il a même photographié les chiens de Billy Bob Thornton et les animaux de l'actrice Kate Hudson.

### SUR LA ROUTE...
En une année, Ren le photographe a parcouru 27 359 km (17 000 mi) aux États-Unis pour prendre des clichés de canins costumés. Son autocar de luxe est aussi son studio mobile.

## La maison des agneaux

Voici la preuve que si on donne un centimètre à un agneau, il prendra un kilomètre... ou encore pire, votre maison ! Kath Shelton, fermière australienne, a pris en pitié, avec le temps, des moutons orphelins abandonnés sur ses terres. Et elle s'est vite retrouvée avec 19 moutons vivant dans sa maison et se promenant dans sa voiture.

Les gens qui visitent sa maison ont même de la difficulté à se mettre à l'aise parce qu'il y a des moutons partout. Encore pire, ils adorent regarder la télévision. Heureusement, Kath a réussi à entraîner à la propreté ces bêtes laineuses de telle sorte qu'ils font maintenant leurs besoins sur une serviette, dans la salle de bains.

### TELLEMENT MIGNON !
Amoureuse des moutons, Kath a adoré voir ses moutons grandir. Elle affirme que chacun a une personnalité unique. Regardez cette mignonne petite bête... impossible de ne pas être d'accord avec elle !

## Snappy le croco

Tracey Sandstrom, dresseuse de reptiles, adore les crocodiles. Heureusement parce qu'elle en possède trois, dont Getcha qui mesure seulement 2,3 m (7,5 pi) !!! Sur la photo, on voit Snappy, le crocodile de mer, que Tracey possède depuis qu'il n'est qu'un bébé, alors qu'il ne mesurait que 30 cm (12 po). Snappy vit depuis une vie de luxe. Il a sa propre piscine chauffée, ses lampes chauffantes pour se prélasser, et même un enclos dans lequel jouer. Et s'il finit quand même par s'ennuyer malgré toutes ces installations et la présence des autres crocodiles, il pourra toujours jouer avec un des autres animaux de compagnie de Tracey – des tortues, des lézards, des grenouilles, des tarentules et des scorpions.

### UN CROCODILE QUI NE CROQUE PAS...
... Pour déjouer sa nature, Tracey place un élastique spécial autour de la gueule de Snappy, lorsqu'elle travaille avec lui, parce qu'il l'a déjà mordue. Lorsqu'il est seul dans son enclos, il peut croquer tout ce qu'il veut !

# Gros minet

Riana Van Nieuwenhuizen, une citoyenne de l'Afrique du Sud, partage sa très achalandée maison avec beaucoup de gros minets! Ces prédateurs habituellement dangereux sont aussi domestiqués qu'ils peuvent l'être. On les retrouve le nez dans l'évier de la cuisine, fouillant dans la lessive, jouant aux cartes et se collant avec Riana et ses deux chiens (encore vivants à ce jour) dans son lit.

Riana travaillait auparavant pour le ministère de la Justice, mais elle a compris qu'elle préférait de loin passer son temps à prendre soin de ces prédateurs à grandes griffes. Son objectif est d'aider la population de guépards à prendre de l'expansion. Heureusement puisque leur nombre continue de diminuer en Afrique. En 2006, leur population totale n'était que de 1000 bêtes.

## MAISON PLEINE

Il n'y a pas que des guépards qui vivent chez Riana. Elle vit avec 11 gros minets :
• quatre guépards • deux tigres
• et cinq lions

## DES AMIS SPÉCIAUX

Riana, à titre d'amatrice de guépards, devrait faire la connaissance de Kevin Richardson, celui qui parle aux lions (page 64). Ce serait un couple idéal!

« Je les aime tous, mais ils sont très exigeants. »

Riana affirmant au journal *Daily Mail* ce qu'elle ressent pour ses gros chats.

## Chiens à capuches

Angel et Brick sont deux petits chiens traités aux petits oignons. Leurs propriétaires, Isabelle et Jasmine Dicks, adorent leur faire porter des manteaux. Elles sont si obsédées par l'apparence de leurs chiens qu'elles prennent même le temps d'altérer les vêtements achetés grâce à la machine à coudre familiale. Ça vous semble excessif? Pas du tout. Les experts recommandent que les petits chiens, comme les chihuahuas, soient vêtus en hiver parce qu'ils ont si peu de graisses corporelles et sont si petits qu'ils ont de la difficulté à conserver leur chaleur.

## Du trottoir à la passerelle

Vous vous sentez mieux quand vos ongles sont vernis? Si vous vivez à Wuhan City, en Chine, vous pouvez facilement trouver un salon qui fera un pédicure à votre chat. Les ongles roses sont très à la mode auprès des femmes chinoises, et maintenant auprès de leurs chats. Ce pays compte de nombreuses esthéticiennes pour animaux domestiques, et les chats peuvent même se faire laver, coiffer et teindre de la couleur désirée par leur propriétaire.

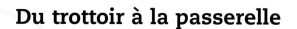

### MONTREZ LES GRIFFES
Pas facile d'être esthéticienne pour chats. Ça doit être tout un casse-tête d'appliquer du vernis à ongles sur les griffes d'un chat. Et seul faux mouvement et... miiii-ouch!

# CHAPITRE 7
# Créatures insensées

Préparez-vous à rencontrer des bêtes bizarres au cours de ce dernier chapitre. De celles qui ont établi des records en passant par des tronches surprenantes, vous n'avez sûrement jamais rien vu de tel.

Ne manquez pas...

SINGE À GROS NEZ

POISSON ÉPINEUX VENIMEUX

MINUSCULE GRENOUILLE ASSASSINE

# Des crocs colossaux

Il faut être très spécial pour être remarqué parmi les 60 000 crocodiles d'eau douce et d'eau salée du Samutprakarn Crocodile Farm and Zoo, en Thaïlande. Chai Yai n'a aucun problème de se côté puisqu'il est officiellement le plus gros crocodile en captivité.

Ce mammouth mangeur d'hommes mesure 6 m (19,6 pi) de longueur et pèse un maigre 1114 kg (2456 lb). Pour célébrer ce record mondial, ce reptile géant a reçu un gigantesque festin composé de poisson et de poulet, entiers, bien évidemment. Chai Yai les a engloutis les uns après les autres avec une aisance remarquable.

« La viande de crocodile est délicieuse – elle n'est pas grasse et ne contient pas de cholestérol. »

Arporn Samakit, propriétaire d'une ferme de crocodiles dans laquelle certains crocodiles sont élevés pour l'alimentation, qui parle des avantages qu'il y a à manger de la viande de crocodile.

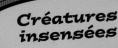

# Vous avez dit affreux?

Remercions la nature qui a fait de ces calmars géants des bêtes timides... Heureusement pour nous, elles vivent dans le fond des océans et n'apprécient pas du tout les plages des complexes hôteliers. Ces immenses calmars mesurent plus de 12 m (40 pi) de longueur et sont dotés des plus gros yeux du règne animal. Un œil peut avoir un diamètre de 25 cm (10 po). Et si cela n'est pas suffisant pour vous donner la chair de poule, imaginez huit pattes épaisses et deux longs tentacules qui vous saisissent... Lorsqu'un calmar géant saisit sa proie, il entraîne la créature vers son rostre acéré. Au secours!

## UN EXPLOIT INCROYABLE

Filmer un calmar géant sous l'eau est tout un défi pour les experts. Voici comment ils ont réussi.

• Ils ont lancé une ligne à pêche au bout de laquelle il y avait une succulente crevette et une caméra.

• Après pas moins de 20 essais, ils ont réussi à saisir le calmar géant par un de ses tentacules.

• Le calmar s'est échappé en rompant son tentacule, mais heureusement, des centaines de photos avaient déjà été prises!

## QUELLE HORREUR!

Le calmar géant que l'on voit ici a été capturé sur la côte de la Nouvelle-Zélande. Il mesurait 7,6 m (25 pi) de la tête à l'extrémité de son plus long tentacule.

## Un chat long

Il y a de quoi être fier : ce félin a été déclaré le chat le plus grand du monde par le livre des records Guinness. Il mesure ni plus ni moins de 43,4 cm (17,1 po) de l'épaule aux orteils. Appelé Scarlett's Magic, cette merveille à moustaches est un chat de race Savannah, un mélange de Serval (un chat sauvage africain) et de chat domestique. Ses propriétaires, les éleveurs de chats Lee et Kimberley Draper, sont très fiers de leur grand et long chat. Scarlett's Magic est si célèbre qu'elle a déjà fait acte de présence aux MTV Awards.

« Les chats Savannah peuvent être promenés en laisse, apprendre à rapporter des balles ou des bâtons et ils aiment beaucoup l'eau. »

Kimberly Draper, éleveuse de chats basée aux États-Unis, à propos des joies d'avoir un chat Savannah

## Araignée m'as-tu-vu

Qu'est-ce que les hommes ne feraient pas pour impressionner les femmes... il semble même qu'il n'y ait plus que les humains pour jouer à ce jeu ! Cette petite araignée ne mesure que 4 mm (0,15 po). Lorsqu'elle voit une demoiselle araignée, elle se transforme d'araignée normale à une arachnide multicolore. Ce magnifique costume est composé de deux rabats repliés sur le côté de l'abdomen du mâle. L'araignée soulève les rabats pour révéler ces incroyables couleurs. Puis elle danse et parade. Évidemment, toutes les femelles succombent...

### L'HOMME ARAIGNÉE
Cette photo a été prise par Jurgen Otto, qui vit en Australie. Il est tellement obsédé par ces araignées qu'il a créé un habitat, sur sa table de salle à manger, pour qu'elles puisse y jouer. Pourquoi pas...

# ZIGOTOS SOUS-MARINS

Nous vous garantissons que vous y penserez à deux fois avant de mettre les orteils dans la mer, si vous lisez cette section. Ou bien vous rirez trop pour nager, ou bien vous serez trop effrayé pour tremper même le petit orteil !

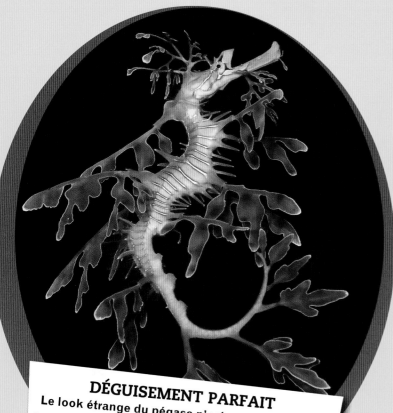

### DÉGUISEMENT PARFAIT
Le look étrange du pégase n'est pas que pour les apparences. Une partie de son corps est composée de ce qui ressemble à des algues, ce qui lui procure un bon camouflage contre les prédateurs.

## Poisson à la face de pierre

Si vous vous baignez dans les eaux du nord de l'Australie ou que vous pagayez en Asie-Pacifique, nous vous conseillons de faire attention où vous posez les pieds. Et pour cause, puisque la pierre près de votre pied pourrait bien être un poisson-pierre venimeux. Cette terreur sous-marine a de belles épines sur le dos. Si vous y posez le pied, elles y injecteront un poison mortel. La délicieuse concoction cause des douleurs horribles, une enflure massive, la paralysie, et bien plus. Si cela vous arrive, vous devez obtenir des traitements médicaux immédiatement, ou vous vous retrouverez vite six pieds sous terre !

## Un mâle enceinte…

Ce pourrait être le genre de chose que l'on voit dans un jeu vidéo plutôt que dans l'océan. Pourtant, ce pégase d'Australie du Sud n'a rien d'un personnage de science-fiction. En fait, il est encore plus bizarre. La règle de base, dans le monde animal, veut que ce soit les femelles qui deviennent enceintes et donnent naissance. Mais pas chez ces pégases. Après que le mâle et la femelle ont passé la soirée à danser ensemble, la femelle pond ses œufs sous la queue du mâle. Il doit alors en prendre soin pendant deux mois, jusqu'à ce que ceux-ci éclosent !

### TERREUR SILENCIEUSE
Il existe 1200 poissons venimeux sur la planète, et ce poisson-pierre est littéralement le plus mortel de tous !

## Pics venimeux

Les prédateurs devraient se méfier de ce poisson porc-épic. Il semble inoffensif à son état normal, mais lorsqu'un prédateur l'attaque sans crier gare, il risque d'avoir tout un choc. Premièrement, ce poisson gonfle son corps jusqu'à ce qu'il atteigne une forme de sphère presque impossible à manger. Ensuite, il déploie ses épines acérées. Observez attentivement la photo de droite. Un prédateur suffisamment stupide pour tenter de l'avaler peut s'attendre à être paralysé par ses épines venimeuses. Si vous croyez que les humains s'en tireraient mieux, mangez un poisson porc-épic non apprêté et vous serez mort en 30 minutes!

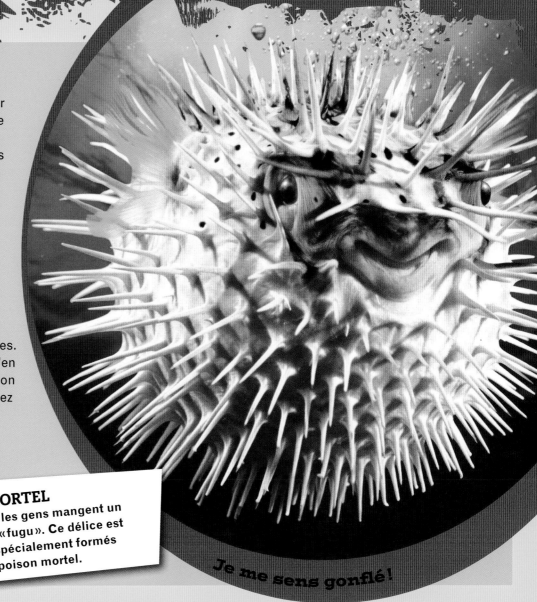

### DÉLICE MORTEL
Même s'ils sont mortels, les gens mangent un type de tétrodon appelé «fugu». Ce délice est préparé par des chefs spécialement formés qui éliminent le poison mortel.

Je me sens gonflé!

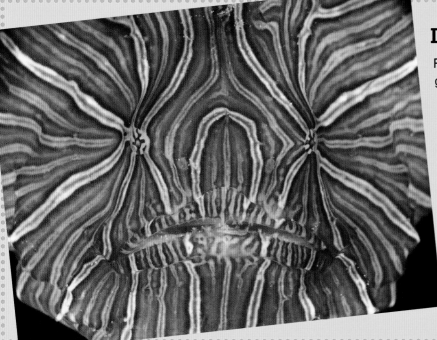

## Délire sautillant

Faites la connaissance d'un poisson grenouille psychédélique et complètement délirant qui a été observé pour la première fois par des plongeurs dans les mers de l'Indonésie de l'est en 2008. Cet étrange poisson porte des couleurs loufoques qui lui donnent l'apparence d'un corail, mais il préfère plutôt sautiller dans la mer comme une grenouille! Cet incroyable mouvement est rendu possible par les nageoires du poisson qui repoussent le fond marin à l'aide d'eau expulsée de ses branchies pour le propulser vers l'avant.

## Minuscule oiseau

Si minuscule qu'on le confond parfois avec un bourdon, le colibri d'Hélène est le plus petit oiseau du monde. Officieusement, c'est aussi le plus mignon. Même s'il est tout petit, il réalise de grandes choses – parmi tous les oiseaux, c'est celui dont la température du corps est la plus élevée et, dans le règne animal, c'est lui qui a le deuxième rythme cardiaque le plus élevé. Pas surprenant lorsqu'on considère qu'il peut battre des ailes 80 fois par seconde. Lorsqu'il se pavane pour une partenaire, le battement de ses ailes passe à 200 battements/seconde. Autre particularité, l'oiseau est capable de rester presque immobile dans les airs, comme un hélicoptère.

## Yéti sous-marin

Vous avez déjà fait connaissance avec le légendaire Yéti poilu un peu plus tôt dans ce livre (page 15). Nous vous présentons maintenant sa version sous-marine, vivant à environ 2,4 km (1,5 mi) sous la surface de l'océan du Pacifique Sud.

Voici un crabe yéti. On l'appelle comme tel à cause des fibres qu'il porte, ressemblant à des cheveux, sur ses bras et ses jambes. Il a été découvert en 2005 et une nouvelle sous-famille d'animaux a dû être créée en son honneur. Personne ne sait vraiment à quoi servent ces appendices poilus, mais certains soupçonnent qu'ils servent à capturer les bactéries dont le crabe se nourrit. Peu importe, nous sommes heureux que ce crabe soit tapi au fond des eaux et qu'il ne traîne pas dans notre cour arrière !

**MIROIRS MAGIQUES**
Les plumes du colibri ressemblent à de minuscules miroirs qui changent de couleurs en fonction de leur relation avec le soleil. Par contre, si vous lui en arrachez une pour l'observer, vous ne verrez presque aucune couleur.

## Où est mon smoking?

Un sur un milliard – c'est ce que les experts disent de ce surprenant pingouin tout noir observé dans l'Antarctique. Les pingouins sont réputés pour leur smoking noir et leur chemise blanche. On n'avait jamais vu de pingouin tout noir auparavant. On pourrait s'inquiéter du fait que l'apparence de ce pingouin puisse éloigner ses congénères, mais ce n'est heureusement pas le cas. Le journaliste du *National Geographic* qui l'a photographié croit qu'il a une partenaire!

« C'est incroyable... l'animal a perdu le contrôle de sa pigmentation. C'est probablement une forme de mutation. »

Dr Allan Baker, scientifique spécialisé dans les oiseaux, au magazine *National Geographic*

## Monstre à huit pattes

Regardez qui est venu souper! Il s'agit d'une mygale goliath qui se promène sur le visage de Cody Wil, son propriétaire, à San Francisco, aux États-Unis. L'espèce d'araignée est en fait la plus grosse du monde. Et pour nous, c'est probablement la plus épeurante! Ces araignées ont un venin, mais il ne faut pas trop s'inquiéter de se faire piquer. Au mieux, ce sera une morsure sèche ne contenant aucun poison et, au pire, le poison entraînera un peu de douleur. Toutefois, nous soupçonnons que la plus grande et la plus sérieuse menace à laquelle vous faites face si vous arrivez face à face avec une de ces créatures est la crise cardiaque!

**FRACASSEUSE DE RECORDS**
L'araignée de compagnie la plus grosse du monde est une mygale goliath appelée Rosie. Son corps mesure 12 cm (4,7 po) de longueur et son empattement est de 26 cm (10,2 po).

# Populaire pitou

Le croyez-vous? Ce chien est plus populaire que Brad Pitt, super vedette d'Hollywood. Lorsque George, le plus grand chien du monde, a fait une apparition à l'émission d'Oprah Winfrey, le personnel de l'émission était bien plus enthousiaste à l'idée de le rencontrer que de faire la connaissance du populaire acteur. Maintenant que vous le voyez, vous pouvez comprendre... Ce chien mesure pas moins de 109 cm (43 po) de la patte à l'épaule, et 2,2 m (7,2 pi) du nez à la queue.

Le grand danois de 4 ans est si grand qu'il a son propre grand lit pour pouvoir s'étirer les pattes et dormir confortablement.

De plus, s'il se trouve à côté d'un évier, il doit baisser sa tête pour l'atteindre. On ne veut pas non plus que George nous marche sur les pieds par accident. Il pèse ni plus ni moins que 111 kg (245 lb) et sa patte est aussi grande que la main de son propriétaire, Dave Nassar, un Américain.

**POUSSE-TOI!**
George est si grand qu'il lui faut trois sièges dans un avion s'il part en voyage!

«En 45 années d'expérience à travailler avec des races de chien géantes, George est sans contredit le plus grand et le plus gros chien jamais vu.»

Dr William Wallace de la Buena Pet Clinic, cité sur le site Web de George

# Singe à gros nez

C'est ce qu'on appelle avoir du pif! Mesurant jusqu'à 18 cm (7 po) de longueur, ce surprenant duo de narines se trouve sur le nez d'un singe mâle, le nasique, qui vit exclusivement à Borneo, dans le Sud-Est de l'Asie. Ce n'est pourtant pas gros pour rien. Les experts croient que lorsque le mâle tente d'attirer une femelle, il gonfle son nez pour l'impressionner. Ce gros pif l'aide aussi à rendre ses cris de colère plus forts, afin d'effrayer les prédateurs. Autre caractéristique surprenante, le ventre géant de ce singe. En temps normal, celui-ci est bien rempli de l'aliment préféré du singe: les feuilles.

## 'Tite' tortue

Voici la plus petite tortue de la moitié occidentale du monde. Comme vous pouvez le constater, elle peut dormir dans une boîte d'allumettes. La rare tortue d'Égypte ou tortue de Kleinmann était auparavant commune en Égypte, mais elle y est maintenant disparue. Cette mignonne petite créature est en fait une des trois semblables nées au ZSL London Zoo, au Royaume-Uni. Et ne vous attendez pas à ce qu'elle prenne beaucoup de poids! À l'âge adulte, une tortue de Kleinmann n'atteint pas plus de 10 cm (4 po).

## Betty Boo

Elle est massive et elle a un caractère de cochon – faites la connaissance de Betty, le python réticulé qui serait le plus long serpent d'Europe. Mesurant un maigre 7,23 m (23,7 pi), Betty vit sur une ferme privée pour serpents appartenant à l'amateur de serpents Karsten Wöllner et fait office d'attraction pour les visiteurs.

On pourrait croire qu'en raison de sa longueur excessive, Betty pourrait avoir de la difficulté à s'échapper rapidement. Pourtant, c'est déjà arrivé.

Il a fallu cinq personnes et deux tentatives pour la récupérer. Lors de la première tentative, les aides ont dû sauter par une fenêtre pour se sauver d'une de ses colères sifflantes!

### MAUVAIS CARACTÈRE
Betty a tellement le sang chaud que les photographes ont été bannis pendant qu'elle était mesurée pour voir si elle établirait un record. On la voit ici, dans toute sa longueur et sa splendeur.

# ANIMAUX HIDEUX

Heureusement qu'ils ne comprennent pas le français, car ils seraient vraiment offusqués du titre de cette section. Essayez quand même de ne pas rire d'eux si vous les rencontrez.

## POURQUOI CE NOM?

L'axolotl a reçu son nom étrange des Aztèques. Son nom signifie «monstre d'eau». Il faut croire qu'eux aussi ont trouvé cette créature assez étrange!

## FAITS FANTASTIQUES

Voici quelques faits sur l'axolotl qui décontenanceront vos amis.

• Ces attributs ressemblant à des plumes, à l'arrière de la tête de l'axolotl, sont ses branchies qui lui permettent de respirer dans l'eau.

• L'axolotl ne se trouve qu'à un seul endroit dans le monde – le lac Xochimilco, au cœur du Mexique.

• Ils sont parfois appelés poissons marcheurs mexicains, même s'ils ne sont pas des poissons!

## Le vrai Peter Pan

Cette étrange créature est un type de salamandre appelée axolotl mexicain. Ce qui est encore plus surprenant que son apparence bizarre est le fait que l'animal ne grandisse pas. En fait, ce bizarre amphibien reste toute sa vie à la forme larvaire, sous l'eau. Ayant l'apparence d'un têtard à pattes, la salamandre est aussi capable de régénérer ses membres si elle les perd. Cette capacité de régénération est valable pour les pattes, la queue et même des portions du cœur et du cerveau. C'est une capacité bien pratique pour une créature qui peut vivre plus de 10 ans. Cette jeunesse éternelle en fait le Peter Pan du monde des amphibiens.

## Vous avez dit hideux?

Ces oiseaux pourraient facilement passer pour des figurants dans la classique émission pour enfants The Muppet Show. Pourtant, ce duo de bébés, malgré sa laideur, a une grande popularité auprès des enfants de Melbourne, en Australie, puisqu'il est transporté d'école en école pour contribuer à l'éducation des enfants sur le respect dans le traitement des animaux. À gauche, on voit un cacatoès Major Mitchell et, à droite, son compagnon, un podarge gris. Ben quoi! Il faut bien des noms étranges pour aller avec des looks si étranges! Ne vous inquiétez pas outre mesure pour eux cependant, ils ne sont pas victimes d'intimidation à l'école de vol, et ils deviennent, en vieillissant, de magnifiques créatures.

**SOYEZ AVERTI**
Le cacatoès Major Mitchell (à gauche) semble complètement inoffensif au cours de sa tendre enfance, mais lorsqu'il atteint l'âge adulte, il peut devenir relativement agressif.

## Une histoire à sangloter

Pas étonnant que cet étrange animal aquatique, le *psychrolutes marcidus* ou blobfish, ait l'air triste – il risque fort de disparaître prochainement en raison du chalutage hauturier dans son habitat, dans le sud-est de l'Australie. La malheureuse créature marine est souvent capturée par les filets des pêcheurs alors qu'il fait son petit bonhomme de chemin, à 900 m (2950 pi) de profondeur dans les mers. C'est d'autant plus déprimant que même pêché par erreur, il n'y a aucun intérêt à le manger puisque sa chair est complètement insipide.

**M. MASSE**
Peu étonnant, un blobfish est un peu comme une masse de gelée avec très peu de muscles. Sa densité est inférieure à celle de l'eau, ce qui lui permet de se promener au fond des mers sans trop d'efforts.

# Vois-je un assassin?

Si vous croisez cette mignonne grenouille colorée dans une forêt équatoriale, on vous pardonnerait si vous pensiez qu'elle est mortelle. Après tout, elle s'appelle la grenouille à flèches! Malheureusement, ce n'est pas aussi simple puisqu'il existe 150 types de grenouilles à flèches différentes. Et de ce nombre, seulement quelques-unes sont effectivement mortelles. Les types mortels ont un venin qui s'écoule de leur peau. Ce venin contient 200 microgrammes de toxines. Quand on sait que seulement deux microgrammes sont nécessaires pour tuer un humain, il y a de quoi trembler devant cette mignonne grenouille! Nous vous conseillons donc d'être prudent et de vous sauver en courant si vous en croisez une! Dans le doute: courez!

## NOM AUTOCHTONE
Les grenouilles à flèches ont obtenu leur nom des Autochtones qui utilisaient leur venin mortel pour empoisonner les pointes de leurs flèches pour la chasse.

# Toute une taupe!

Non, il ne s'agit pas d'une affiche publicitaire pour un nouveau film de monstres! Cette humble taupe au nez étoilé vit sous terre dans les zones humides de l'Amérique du Nord. Même si son horrible nez lui confère une apparence pas trop rassurante, rappelez-vous que c'est grâce à lui que cette taupe a d'incroyables compétences pour la chasse. Son nez compte 22 appendices de chair remplis de terminaisons nerveuses. Ces appendices l'aident à sentir de toutes petites proies lorsqu'elle creuse des tunnels, alors que ses longues griffes lui servent de bêches.

## JE SUIS AFFAMÉE
Cette incroyable taupe détient le record animal officiel du mangeur le plus rapide du monde. Il lui faut 120 millisecondes pour identifier un morceau de nourriture et l'engloutir.

« Chaque appendice est si densément rempli de terminaisons nerveuses que la taupe pourrait toucher une tête d'épingle avec son nez à 600 endroits simultanément. »

Sir David Attenborough, brillant naturaliste britannique de la BBC, expliquant les vertus du nez étoilé de la taupe

# Regardez mes fesses

Ce singe établisseur de records propose une vision surprenante. On pourrait penser que le record consiste à avoir les fesses ou la face aux couleurs les plus vives, mais il n'en est rien. C'est plutôt parce que les mandrills sont les plus gros singes du monde. Les magnifiques couleurs qu'ils arborent sur la face (rouge et bleu) et les fesses (rose et bleu) ont tout de même une utilité. Elles aident le mandrill mâle à attirer l'attention de la femelle mandrill, lors de la saison du rut. Pendant les périodes plus calmes, ces singes se font des festins de fruits et de petits animaux. Ils entreposent même de la nourriture dans les poches que contiennent leurs joues afin de toujours avoir une collation à portée de bouche.

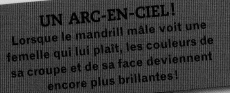

## UN ARC-EN-CIEL!

Lorsque le mandrill mâle voit une femelle qui lui plaît, les couleurs de sa croupe et de sa face deviennent encore plus brillantes!

TÊTE D'AFFICHE

## TERRIBLES MANDRILLS

Jetez un coup d'œil à ces faits effrayants!

- Les mandrills ont des dents d'une longueur et d'un tranchant exceptionnels.
- Si un mandrill montre les dents à un autre mandrill, cela ne veut pas dire qu'une bagarre est sur le point d'éclater. C'est plutôt une marque d'amitié.
- Les mandrills passent la plupart de leur temps au sol, mais ils dorment dans les arbres.

# Index

## RÉFÉRENCES DES ILLUSTRATIONS

3 REUTERS/Osman Orsal ; 4 Dan Callister/Rex Features ; 6 (bg) Barry Bland/Barcroft Media Ltd, (bc) Pennywell Farm, (bd) REUTERS/Ho New ; 7 REUTERS/Issei Kato ; 8 (h) Barry Bland /Barcroft Media Ltd, (b) Imagine China/Barcroft Media Ltd ; 9 (h) Craig Kohlruss/Landov/Press Association images, (b) National Geographic/Getty Images ; 10 (h) REUTERS/Cheryl Ravelo, (b) REUTERS/Luke MacGregor ; 11 (b) Michelly Rall/Rex Features ; 12 (h) REUTERS/Ho New, (b) Press Association Images/Center of Natural Sciences in Prato ; 13 (h) Press Association Images/Pennywell Farm, (b) REUTERS/Ina Fassbender ; 14 (h) Getty Images ; 15 (h) Bettmann/Corbis, (b) Robert Clay/Alamy ; 16 (h) Geoffrey Robinson/Rex Features, (b) Jeremy Durkin/Rex Features ; 17 (b) Paul S. Hamilton/RAEI.org/Rex Features ; 18 (bg) Barcroft Media via Getty Images, (bc) Louie Psihoyos/Science Faction/Corbis, (bd) Solent News/ Rex Features ; 19 REUTERS/Str Old ; 20 (h) Andrew Milligan/Press Association Images, (c) Andrew Milligan/Press Association Images, (b) Andrew Milligan/Press Association Images ; 21 (h) Getty Images, (b) REUTERS/Sukree Sukplang ; 22 (h) Sergei Chirikov/epa/Corbis, (b) Michael Hutchinson/SplashdownDirect / Barcroft Media Ltd ; 23 (h) REUTERS/STR New, (b) Incredible Features/Barcroft Media Ltd ; 24 (h) Animal Press/Barcroft Media Ltd, (b) UPPA/Photoshot ; 25 (h) Barry Bland/Barcroft Media Ltd, (b) Barcroft Media Ltd ; 26 Barcroft Media via Getty Images ; 27 (hg) Jose Gomez, (bg) REUTERS/Jose Gomez, (r) Tom Farmer/Rex Features ; 28 (h) Rick Wilking/REUTERS/Corbis, (b) Solent News/Rex Features ; 29 (h) REUTERS/Ho New, (b) Jane Ollerenshaw/Newspix/Rex Features ; 30 (h) REUTERS/Will Burgess, (b) REUTERS/Rupak De Chowdhuri ; 31 (h) Louie Psihoyos/Science Faction/Corbis, (b) Louie Psihoyos/Science Faction/Corbis ; 32 (bg) Bronek Kaminski/Barcroft Media Ltd, (bc) Richard Austin/Rex Features, (bd) REUTERS/Osman Orsal ; 33 Stewart Cook/Rex Features ; 34 (h) Chris Bird/Rex Features, (b) Craig Greenhill/Newspix/Rex Features ; 35 (h) Jef Moore/Jef Moore/Empics Entertainment, (b) REUTERS/Charles Platiau ; 36 (h) Bronek Kaminski/ Barcroft Media Ltd, (b) Nathan Edwards/Newspix/Rex Features ; 37 (h) UPPA/Photoshot, (b) REUTERS/Osman Orsal ; 38 (b) Dan Callister/Rex Features ; 39 (h) REUTERS/Jason Cohn, (b) David C. Schultz/Solent News/Rex Features ; 40 (h) Newspix/Rex Features, (b) Richard Austin/Rex Features ; 41 Charles Lam/Rex Features ; 42 (bg) Getty Images, (bc) NTI Media Ltd/ Rex Features, (bd) Craig Litten/Solent/Rex Features ; 43 Jeffery R. Werner/IncredibleFeatures.com ; 44 (h) Getty Images, (b) Geoffrey Robinson/Rex Features ; 45 (h) Rex Features, (b) Rex Features ; 46 (h) Getty Images, (b) Nathan Edwards/Newspix/Rex Features ; 47 (h) REUTERS/Pilar Olivares, (b) James D. Morgan/Rex Features ; 48 (h) Paul Hughes/Barcroft Media Ltd, (b) AAD/EMPICS Entertainment ; 49 (h) REUTERS/Guang Niu, (b) Craig Litten/Solent/Rex Features ; 50 (h) NTI Media Ltd/Rex Features ; 51 (h) Sipa Press/Rex Features ; 52 (h) Kathleen Reeder/Solent/Rex Features, (b) Ned Wiggins/Rex Features ; 53 (h) Debbie Goard/Rex Features, (b) REUTERS/Pawan Kumar ; 54 (bg) Barcroft Media Ltd, (bc) Rex Features, (bd) Zoom/Barcroft Media Ltd ; 55 Dan Callister/Rex Features ; 56 (h) REUTERS/Cathal McNaughton, (b) Craig Borrow/Newspix/Rex Features ; 57 Barcroft Media Ltd ; 58 (h) REUTERS/ Chor Sokunthea ; 59 (b) REUTERS/Mohammed Salem ; 60 (h) UPPA/Photoshot, (b) John Connor Press Assocs Ltd/Rex Features ; 61 Geoffrey Robinson/Rex Features ; 62 (h) Geoffrey Robinson/Rex Features ; 63 (h) Mark Clifford/Barcroft Media Ltd, (b) REUTERS/STR New ; 64 Zoom/Barcroft Media Ltd ; 65 (h) REUTERS/Chor Sokunthea, (b) Getty Images ; 66 (h) Bronek Kaminski/Barcroft Media Ltd, (b) Tim Scrivener/Rex Features ; 67 (b) Peter Willows/Rex Features ; 68 Rex Features ; 69 (h) Rex Features, (b) Rex Features ; 70 (bg) Tobias Hase/DPA/Press Association Images, (bc) Ren Netherland/Barcroft Media Ltd, (bd) Alex Coppel/Newspix/Rex Features 71 Barcroft Media Ltd ; 72 (h) REUTERS/Richard Chung, (b) Barcroft Media Ltd ; 73 (h) REUTERS/Toru Hanai ; 74 (h) REUTERS/Kim Kyung Hoon, (b) REUTERS/Nir Elias ; 75 (h) REUTERS/Toru Hanai, (b) Tobias Hase/DPA/Press Association Images ; 76 (h) Chris Lobina/Rex Features ; 77 Geoff Moore/Rex Features ; 78 (h) Ren Netherland/Barcroft Media Ltd, (b) Ren Netherland/Barcroft Media Ltd ; 79 (h) Alex Coppel/Newspix/Rex Features, (b) Newspix via Getty Images ; 80 Barcroft Media Ltd ; 81 (h) Solent News/Rex Features, (b) ChinaFotoPress/Photocome/Press Association Images ; 82 (bg) Steven Hunt/Getty Images, (bc) Press Association Images, (bd) dbimages/Alamy ; 83 REUTERS/Jason Reed ; 84 REUTERS/STR New ; 85 (h) Incredible Features/Barcroft Media Ltd, (b) Jurgen Otto/Rex Features ; 86 (h) Cal Mero - www.calmerophotography.com/Getty Images, (b) Herwarth Voltgmann ; 87 (h) Steven Hunt, (b) David Hall ; 88 (h) A. Filis/AP/Press Association Images ; 89 (h) Andrews Evans/ Barcroft Media Ltd, (b) Kimberly White/REUTERS/Corbis ; 90 (h) Incredible Features/Barcroft Media Ltd, (b) dbimages/Alamy ; 91 (h) Adam Butler/PA Archive/Press Association Images, (b) Animal Press/Barcroft Media Ltd ; 92 NHPA/Stephen Dalton ; 93 (h) Alex Coppell/Newspix/Rex Features, (b) Greenpeace/Rex Features ; 94 (h) Press Association Images, (b) Rod Planck/Science Photo Library ; 95 (h) Kevin Schafer/Alamy, (b) Mark Bowler/Alamy.